Der Adventsweg

Dajana Römer

Der Adventsweg

24 Meditationen und Praxisideen
für Gruppen und Gemeinde

Schwabenverlag

VERLAGSGRUPPE PATMOS

PATMOS
ESCHBACH
GRÜNEWALD
THORBECKE
SCHWABEN

Die Verlagsgruppe
mit Sinn für das Leben

MIX
Papier aus verantwortungsvollen Quellen
FSC® C083411
FSC www.fsc.org

Für die Schwabenverlag AG ist Nachhaltigkeit ein wichtiger Maßstab ihres Handelns. Wir achten daher auf den Einsatz umweltschonender Ressourcen und Materialien.

www.schwabenverlag-online.de

Umschlaggestaltung: Finken & Bumiller, Stuttgart
Umschlagabbildung: © Dajana Römer
Gestaltung und Satz: Schwabenverlag AG, Ostfildern
Druck: CPI books GmbH, Leck
Hergestellt in Deutschland
ISBN 978-3-7966-1711-9

INHALT

Anhang

Im Downloadbereich

Vorwort

Maria und Josef sind auf einem Adventsweg der besonderen Art unterwegs. Denn sie reisen durch eine Stadt von heute, müssen auf dem Weg Hindernisse überwinden und finden doch immer wieder Hoffnungszeichen, die ihnen das Weiterkommen erleichtern.
In Anlehnung an den Künstler Slinkachu, der mit Modelleisenbahnfiguren alltägliche Szenen nachstellte und diese im städtischen Umfeld platzierte und fotografierte, bin ich in meiner Stadt mit zwei biblischen Erzählfiguren den Weg Maria und Josefs nach Betlehem nachgegangen. Um die altbekannte Erzählung auf eine neue, ungewohnte Art und Weise sprechen zu lassen, nutzte ich den Kontrast zwischen den kleinen Figuren und unserer großen Welt, zwischen dem Schauplatz der biblischen Geschichte und dem modernen Umfeld der Großstadt. Besonders geeignet erschien mir hier die Schwarzweiß-Fotografie, da sie in besonderer Weise den Blick auf das Wesentliche lenken kann.

Den 24 Fotos sind in diesem Buch meditative Impulse zur Seite gestellt, die das jeweilige Bild deuten und thematisch weiterführen. Es folgen ausführliche Gestaltungsvorschläge für die Arbeit in Gruppen oder im Rahmen eines Gottesdienstes (vgl. die nachfolgenden „Hinweise für die Praxis"). Und wer seiner Kreativität freien Lauf lassen möchte, findet im Anhang neben Kopiervorlagen der Arbeitsblätter sowie einer „Kurzform eines Gottesdienstes oder spirituellen Impulses zum Adventsweg" auch eine Anleitung zur Erstellung eines eigenen „Adventsweges" in Form eines Adventskalenders.

Ich wünsche Ihnen viel Spaß bei der Arbeit mit diesem Buch.

Dajana Römer

Hinweise für die Praxis

Die 24 Meditationen und Praxisideen, Arbeitsblätter und Bilder dieses Buches möchten Ihnen in der zumeist hektischen und dichten Adventszeit Material an die Hand geben, das fertig zum Gebrauch und daher ohne großen Vorbereitungsaufwand einsetzbar ist. Ob in der Gemeinde, im Krankenhaus oder im Pflegeheim, ob zur Gestaltung von Impulsen, Gottesdiensten, Gruppenarbeiten mit Senioren, Erwachsenen, Konfirmanden, Firmanden oder vielleicht sogar eines lebendigen Adventskalenders – mit der Zusammenstellung von Bild, Meditation und mehreren Ideen zur praktischen Umsetzung des jeweiligen Themas lassen sich ohne großen Materialaufwand mühelos ganze Einheiten oder kleinere spirituelle Impulse gestalten. Die 24 Bilder und Texte ergeben eine logische Reihenfolge, jedoch können auch ohne Probleme einzelne ausgewählt, einige vertieft und andere übersprungen werden. Eine Vielzahl von unterschiedlichen Methoden ermöglicht es, passende Zugänge für verschiedene Anlässe und Gruppen auszuwählen.
Die Praxisideen sind in den meisten Fällen auch für die Gestaltung eines Gottesdienstes geeignet. Eine Auswahl von Bildern und Meditationen wird dabei je nach Thema Ihres Gottesdienstes gezeigt und vorgelesen. Bei kleineren Gottesdienstgemeinden können die Teilnehmerinnen und Teilnehmer an verschiedenen Stationen einzelne zu den Bildern und Texten passende Praxisideen in Einzelarbeit umsetzen. In vielen Fällen entstehen dabei künstlerische oder literarische Produkte, die dann der gesamten gottesdienstlichen Gemeinde in einer Ausstellung oder als Lesung präsentiert werden können.
Zur Gestaltung eines Gottesdienstes zum Thema „Weg“ wäre zum Beispiel eine Auswahl aus den Kapiteln 2, 4, 6, 7, 16 und 24 zu empfehlen. Für das Thema Lebensweg eine Auswahl aus den Kapiteln 2, 3, 8, 10, 11, 16, 23 und 24. Zu „Warten/Sich-Besinnen“ aus 10, 12, 15, 21 und 24; für „Adventszeit ist Fastenzeit“ aus 1, 7, 11, 12, 15, 22 und 24; zu „Verheißungen“ aus 9, 10, 11, 17 und 24; zum Thema „Glauben und Vertrauen“ aus 2, 5, 10, 11, 14, 17, 19, 20, 21 und 24.

Im Anhang finden Sie einen Gottesdienstvorschlag in einer Kurzform, der den gesamten Adventsweg aufgreift. Hier werden ausschließlich die Fotografien gezeigt, die kurzen Texte vorgelesen und dazwischen passende Lieder gesungen.

Um Ihnen die Arbeit zu erleichtern, sind im *Downloadbereich* alle im Praxisbuch erwähnten Arbeitsblätter, die Kurzform und eine Powerpoint-Präsentation mit den Bildern des Buches vorhanden. Der Downloadlink lautet: www.pastoral.de/download/978-3-7966-1711-9.

Abkürzungen: EG = Evangelisches Gesangbuch, GL = Gotteslob, NL = Liederbuch „Wo wir dich loben, wachsen neue Lieder", Strube Verlag, EH = Erdentöne – Himmelsklang. Schwabenverlag, Ostfildern

Der Adventsweg

1. The starting line

The starting line.
Die Startlinie.
Es ist Advent.
Der Weg beginnt.

Es begab sich aber zu der Zeit, dass ein Gebot von dem Kaiser Augustus ausging, dass alle Welt geschätzt würde … Und jedermann ging, dass er sich schätzen ließe, ein jeder in seine Stadt. Da machte sich auf auch Josef aus Galiläa, aus der Stadt Nazaret, in das jüdische Land zur Stadt Davids, die da heißt Betlehem, weil er aus dem Hause und Geschlechte Davids war, damit er sich schätzen ließe mit Maria, seinem vertrauten Weibe; die war schwanger.

LUKAS 2,1.3–5, LUTHERÜBERSETZUNG

In jenen Tagen erließ Kaiser Augustus den Befehl, alle Bewohner des Reiches in Steuerlisten einzutragen. Dies geschah zum ersten Mal; damals war Quirinius Statthalter von Syrien. Da ging jeder in seine Stadt, um sich eintragen zu lassen. So zog auch Josef von der Stadt Nazaret in Galiläa hinauf nach Judäa in die Stadt Davids, die Betlehem heißt; denn er war aus dem Haus und Geschlecht Davids.
Er wollte sich eintragen lassen mit Maria, seiner Verlobten, die ein Kind erwartete.

LUKAS 2,1.3–5, EINHEITSÜBERSETZUNG

Wollen sie gar nicht gehen? Fast scheint es so, als ob Maria und Josef unentschlossen an der „Starting Line", der „Startlinie", stehen. Und das, obwohl die Leuchtschrift im Schaufenster hinter ihnen einen so dynamischen, bewegten Eindruck macht: „Los geht's! Zum Ziel! Macht euch auf!" scheinen die leuchtenden Buchstaben ihnen zuzurufen. Gleich dreimal werden die Worte in der Scheibe reflektiert, was ihnen noch mehr Dringlichkeit verleiht. Doch wir wissen, warum die beiden noch so unbewegt dastehen, eng beieinander. Maria ist schwanger. Das Gebot des Kaisers, das sie dazu zwingt, sich in die Heimatstadt Josefs aufzumachen, kommt ungelegen. Es wird eine beschwerliche Reise werden. Ungewiss. Und doch stehen sie nun hier. An der Startlinie. Sie müssen aufbrechen.

Für uns hat der Advent begonnen. Auch wir stehen an einer Startlinie. Vielleicht passen die Leuchtbuchstaben eher zu uns als zu Maria und Josef. Dynamisch und bewegt werden sie sein, die nächsten 24 Tage. Hektisch auch. Wie immer, wenn es auf Weihnachten zugeht. Stehen wir anders an der Startlinie, als es die beiden Figuren im Foto tun? Stehen wir etwa schon in den Startblöcken und können gar nicht erwarten, dass es losgeht? So wie Kinder es tun? Oder stehen wir vielleicht genauso da wie Maria und Josef? Unentschlossen, zögernd. Gerade weil wir wissen, wie übervoll die kommenden Tage sein werden. Und weil wir uns eigentlich nach etwas ganz anderem sehnen. Nach Zeit. Nach Ruhe, um dem Eigentlichen des Advents nachzuspüren. Wäre es nicht schön, wenn auch dazu Gelegenheit wäre? Der Advent ist vom Ursprung her eine Fastenzeit, eine Zeit des Wartens, dazu gedacht, sich auf die Ankunft Jesu in der Welt vorzubereiten. Das kann heute auf unterschiedliche Weise geschehen. Manche Menschen gehen bewusst an den Adventssonntagen in die Kirche. Andere nehmen sich Zeit zum Gebet, zur Besinnung. Wieder andere kümmern sich verstärkt um ihre Mitmenschen. Wir wissen, dass zu keiner anderen Zeit so viel gespendet wird wie in der Advents- und Weihnachtszeit.

Eine andere Möglichkeit, die ich aus dem ersten Teil der Weihnachtsgeschichte entnehme, ist diese: Wie wäre es, wenn Sie sich so wie Maria und Josef auf den Weg machten? Und zwar auf den Weg in Ihre „Heimat"stadt. Der Advent könnte ja auch ein Weg in die Erinnerung sein. Wo ist meine Heimat? Wo gehöre ich hin? Das könnten Fragen für die Adventszeit sein. Und vor allem auch diese: Wann habe ich schon einmal darauf gewartet, dass Jesus in der Welt oder ganz persönlich bei mir ankommt? Wann habe ich ihn in meinem Leben am meisten gebraucht, am meisten auf ihn gewartet? Und wann habe ich es erlebt, das Wunder, dass er tatsächlich angekommen ist, bei mir, in meinem Leben?

The starting line. Die Startlinie.

Es ist Advent. Der Weg beginnt.

Praxisidee: Erwartungen an den Advent

IN DER GRUPPE

Im Stuhlkreis liegen auf einem Tuch in der Mitte folgende Gegenstände, je nach Gruppengröße auch mehrfach:

Weihnachtskarte, Uhr, Geschenk, Tannenzweig, Teebeutel, Christbaumkugel, Strohstern, Kerze, Liederbuch, Jesuskind, Lebkuchen, Herz, Plätzchen, Nikolausmütze, Duftkegel, Adventskalender usw.

1. Die Teilnehmenden werden gebeten, sich einen Gegenstand zu nehmen, der ihre Erwartungen (aber auch ihre Befürchtungen) an den Advent symbolisiert.
   Zum Beispiel: Uhr = Zeitdruck; Kerzen = Zeit der Besinnung …
   Andere Möglichkeit: Die Teilnehmenden werden gebeten, sich einen Gegenstand zu nehmen, der ihre Sehnsucht für den Advent symbolisiert.
   Zum Beispiel: Uhr = Zeit für sich/Zeit für Gott; Plätzchen = Zeit für die Kinder/Enkel …
2. Wer etwas von dem mitteilen möchte, was ihn/sie bewegt, bekommt den nötigen Raum dazu.
3. Die Gegenstände werden zurück in die Mitte gelegt.
   Andere Möglichkeit: Die Teilnehmenden dürfen ihren Gegenstand mitnehmen.
4. Ein Lied singen, z.B.: Macht hoch die Tür (GL 218; EG 1) oder: Mache dich auf und werde licht (GL 219) oder: Seht, die gute Zeit ist nah (EG 18)

IM RAHMEN EINES GOTTESDIENSTES ODER IN EINER GRÖSSEREN GRUPPE

Verschiedene Gegenstände (s.o.) werden gezeigt, projiziert oder auf Zetteln ausgeteilt:

1. Als Meditation vortragen oder ein Gespräch führen zur Frage „Welche Erwartungen und welche Befürchtungen verbinde ich mit den genannten Gegenständen?“
2. Ein Lied singen (s.o).
3. Am Ausgang erhält jeder ein kleines Lebkuchenherz.

2. Ein Weg öffnet sich

Heute öffnet sich ein Weg vor mir.
Ich weiß nicht, was kommen wird,
aber ich vertraue darauf,
dass du mich leitest.
Ich öffne mich
für deinen Weg mit mir.

Maria und Josef haben sich auf den Weg gemacht. Durch die dunkle Häuserschlucht öffnet sich ein schneebedeckter Weg. Der Weg scheint sich nach hinten zu verengen. Ein wenig bedrohlich sieht es aus, wie die kalten Wände sich rechts und links von den kleinen Figuren erheben. Sie sehen verletzlich aus … und einsam. Doch wenn wir genau hinschauen, dann sehen wir auch Zeichen dafür, dass dieser Weg kein einsamer ist, dass Menschen hier entlanggegangen sind, dass er zu einem Ziel führt. Wir entdecken Spuren im Schnee. Fußspuren, in die Maria und Josef treten können, die ihnen das Fortkommen im Schnee erleichtern. Und so öffnen sich Maria und Josef für diesen Weg. Auch wenn sie nicht wissen, was noch kommen wird.

Mit dem Advent beginnt das neue Kirchenjahr. Ein paar Wochen später werden wir Silvester und Neujahr feiern. Altes geht zu Ende. Neues beginnt. Ein neues Jahr, von dem wir noch nicht wissen, was es bringen wird. Die Zeit „zwischen den Jahren" ist eine Zeit der gemischten Gefühle. Es vermischen sich Trauer und Freude, Hoffnung und Zweifel, Dankbarkeit und Verbitterung. Im Advent beginnt der Weg vom alten Jahr ins neue. Anders als Maria und Josef sind wir in unserem Leben schon viele Adventswege gegangen. Alle Jahre wieder öffnet sich ein neuer Weg vor uns. Je nach unserer Lebenssituation waren es mal schwerere, mal leichtere Wege. Manche führten einsam durch dunkle Schluchten und tiefe Täler, andere mit frohen Begleitern und Begleiterinnen durch weite Landschaften. Und jedes Jahr ist es dasselbe: Das alte Jahr klingt in uns nach.

War es ein gutes Jahr, dann erinnern wir uns gerne zurück an die frohen Tage. Es fällt uns leichter, optimistisch in das neu beginnende Jahr zu blicken. Wir hoffen, dass alles so bleibt, wie es war. Dass die Gesundheit erhalten bleibt. Dass es den Freunden und der Familie gut geht. Dass wir beruflich weiterhin gut dastehen.

Haben wir ein schlechtes Jahr hinter uns, dann kommen nun schwere Gedanken auf. Einerseits sind wir froh, dass wir das Vergangene hinter uns lassen dürfen. Andererseits schauen wir voller Zweifel nach vorne. Wird das nächste Jahr besser werden? Werde ich wieder einen lieben Menschen verlieren? Werden die alten Sorgen auch die neuen sein?

Maria und Josef stehen vor einem Adventsweg. So wie wir auch. Sie lassen das Alte hinter sich. Es beginnt etwas Neues. Und auch sie haben dabei gemischte Gefühle. Auf der einen Seite sind sie voller Vorfreude. Bald wird ihr Kind geboren werden, der Friedenskönig, der Erlöser der Welt. Eine neue Zeit wird beginnen. Die Verheißung Gottes wird sich erfüllen. Auf der anderen Seite sind sie voller Sorge. Noch sind sie nicht am Ziel. Ein beschwerlicher Weg liegt zwischen ihnen und Betlehem.
Doch da sind noch die Spuren im Schnee. Könnten es nicht auch die Spuren Gottes sein, die ihnen den Weg weisen? Solche Spuren begegnen auch uns. Gerade jetzt, ausgespannt zwischen Altem und Neuem, werden sie zu finden sein und uns leiten – hinein in ein neues Jahr.

Praxisidee: „Jahreslinie"

IN DER GRUPPE

Material: Jahreslinie (Seil/Tuch mit etwa 5 Knoten; Länge je nach Raumgröße) und verschiedene Steine (weiß, schwarz, bunt, Halbedelsteine usw.)
Die Jahreslinie liegt in der Mitte. Körbe mit schwarzen Steinen, weißen Steinen, bunten Steinen, Halbedelsteinen usw. stehen bereit.

1. Die Teilnehmenden werden gebeten, an die letzten fünf Jahre zurückzudenken: „Es ist wieder Advent. Ein neues Kirchenjahr beginnt. Was wird dieses Jahr bringen? Was brachte das zu Ende gehende Jahr und die vier Jahre davor? Nehmen Sie sich Zeit zurückzudenken."
   Andere Möglichkeit: Die 5 Knoten stehen für verschiedene Lebensalter (Kindheit, Jugend, junges Erwachsenenalter, mittleres Alter, Renteneintritt/65+). Entsprechende Schilder werden an die Knoten im Seil gelegt.
2. Die Teilnehmenden werden gebeten, Steine an die fünf Knoten der Jahreslinie zu legen.
   Jeder Knoten steht für ein vergangenes Jahr (bzw. Lebensalter). Die Steine symbolisieren z.B. schwarz = ein schwieriges/dunkles Jahr; weiß = ein gutes/helles Jahr; bunt = ein Jahr voller Freude und Glück; Halbedelstein = ein Jahr, das seinen Wert erst im Rückblick offenbarte ...
3. Die Gruppe stellt sich um die Jahreslinie herum auf und betrachtet sie. Es gibt Zeit für Kommentare und Gedanken.
4. Zurück auf den Plätzen (Stuhlkreis?) schließt sich eine Gesprächsrunde an. Wer etwas mit den anderen teilen möchte, darf erzählen.
5. Ein Lied singen, z.B.: Nun laßt uns gehn und treten (EG 58) oder: Der du die Zeit in Händen hast (GL 257; EG 64) oder: Von guten Mächten treu und still umgeben (GL 430; EG 65; EH 122 u. 123).

IM RAHMEN EINES GOTTESDIENSTES ODER IN EINER GRÖSSEREN GRUPPE

1. Die Jahreslinie (s.o. unter Material) oder auch das Symbol der Spirale/des Labyrinths am Boden mit Tüchern oder Seilen legen, evtl. mit Symbolen verschiedener Lebensalter.
2. Alle kommen prozessionsartig nach vorne und legen – wie oben unter Schritt 2 beschrieben – Steine ab.

3. Gemeinsam die Stufen erklimmen

Gemeinsam die Stufen erklimmen.
Es sind viele. Glatt vom Schnee. Und kalt.
Reichen unsere Kräfte bis oben?
Wir nehmen einander an die Hand und fangen an.

Ganz schön beschwerlich haben es Maria und Josef hier. Gerade sind sie dabei, die erste Stufe einer Treppe zu erklimmen. So viele liegen noch vor ihnen. Reichen ihre Kräfte bis oben? Und wer weiß, was oben auf sie wartet? Eine weitere Treppe? Noch dazu ist es kalt. Der Schnee wurde zwar von den meisten Stufen geräumt, aber dennoch – sie könnten glatt sein. Vielleicht hat es in der Nacht Frost gegeben. Es scheint keinen anderen Weg zu geben als diesen. Auch einen Umweg um das Hindernis herum gibt es nicht. Also fangen sie an. Nehmen einander an die Hand und beginnen den Weg nach oben zu steigen. Eine Stufe nach der anderen.

Auf den ersten Blick kommen uns die Stufen, die Maria und Josef im Bild erklimmen müssen, wie ein Symbol für die Hindernisse vor, die auch wir auf unseren Wegen zu überwinden haben. Ich denke, jedem und jeder von uns fallen gleich eine oder mehrere solcher Stufen ein. Doch auf den zweiten Blick könnten sie ebenso ein Zeichen für etwas anderes sein. Vielleicht kennen Sie das Gedicht „Stufen" von Hermann Hesse. Er beschreibt darin die *Lebens*stufen, die jeder Mensch zu durchleben hat. Sehen wir die Stufen in diesem Licht, dann bekommen sie einen positiveren Sinn, dann sind sie nicht nur als beschwerlichere Hindernisse zu bewerten, sondern als etwas, das uns einem Ziel näher bringt und uns wachsen lässt. Jede Stufe, so Hesse, weitet unser Leben, macht es reicher. Für ihn bedeutet das Verharren auf einer Stufe Stillstand und Stagnation. Wir sollen bereit sein zu Aufbruch und zur Reise, zu Abschied und Neubeginn. „Jedem Anfang wohnt ein Zauber inne" – so bringt er es auf den Punkt.

Für Hermann Hesse scheinen Anfang, Aufbruch und Wandel weitaus wichtiger zu sein als Stabilität und Dauer. Er traut, oder mutet, jedem Menschen zu, sich tapfer und ohne Trauer vom Alten zu verabschieden und ins Unbekannte aufzubrechen. Er rät uns, an keinem unserer Lebensräume wie an einer Heimat zu hängen, ja, in keiner Zeit und an keinem Ort heimisch zu werden.

Doch ich möchte nachfragen. Gibt es ohne Heimat wahre Zufriedenheit? Ist es nicht wichtig für uns Menschen, eine Heimat zu haben, die uns Stabilität und Rückhalt gibt? Kontinuität und Sicherheit? Und kommt es nicht auch vor, dass das Erklimmen einer neuen Lebensstufe scheitert? Hesse schreibt in seinem Gedicht, dass wir immer und immer wieder unsere Kräfte sammeln und die nächste Stufe erklimmen müssen. Doch kann es da nicht sein, dass uns einmal die Kraft dazu fehlt?

Auf dem Foto sind Maria und Josef dabei, ihre Stufen zu erklimmen. Auch sie fragen sich, ob ihre Kräfte bis oben reichen. Doch dann heißt es: „Wir nehmen einander an die Hand … und fangen an.“ „Wir nehmen einander an die Hand.“ Diesen Punkt halte ich für sehr wichtig. Alleine ist es unglaublich schwer, eine Lebensstufe nach der anderen hochzusteigen. Doch gemeinsam ist es möglich. Gemeinsam ist es leichter.

In der Bibel gibt es die kurze und sehr schöne Geschichte von Rut und ihrer Schwiegermutter Noemi. Es ist eine Geschichte, in der wir auch Stufen erkennen können. Beide, Rut und Noemi, müssen eine neue Lebensstufe erklimmen. Noemi sogar noch im hohen Alter. Rut und Noemi haben ihre Männer verloren. Um zu überleben, müssen sie in Noemis alte Heimat zurückkehren, weg vom Vertrauten und Liebgewonnenen. Noemi möchte, dass Rut in das Haus ihrer Mutter zurückkehrt. Sie möchte der jungen Rut nicht zur Last fallen. Doch Rut antwortet: „Dränge mich nicht, dich zu verlassen und umzukehren. Wohin du gehst, dahin gehe auch ich, und wo du bleibst, da bleibe auch ich. Dein Volk ist mein Volk und dein Gott ist mein Gott.“ Und so kommen die beiden gemeinsam nach Betlehem, Noemis altem Dorf. Gemeinsam beginnen sie ein neues Leben. Und für sie wird wahr, was Hesse gedichtet hat. Ihrem gemeinsamen Anfang wohnt ein Zauber inne. Schon bald wird Rut einen neuen Mann finden. Ihre Kinder werden zu den Vorfahren Jesu.

Gemeinsam die Stufen erklimmen, *gemeinsam* einen neuen Anfang wagen. Dann werden die Kräfte bis nach oben reichen. Und darüber hinaus.

Praxisidee: Rut und Noemi

IN DER GRUPPE

Rut 1,16: „Rut antwortete: Dränge mich nicht, dich zu verlassen und umzukehren. Wohin du gehst, dahin gehe auch ich, und wo du bleibst, da bleibe auch ich. Dein Volk ist mein Volk und dein Gott ist mein Gott."

1. Die Geschichte von Rut und Noemi wird mit den Teilnehmenden aus dem Gedächtnis rekonstruiert.
2. Gespräch: Rut und Noemi stehen vor schwierigen „Stufen", die es zu erklimmen gilt.
   Rut muss sich in der Fremde zurechtfinden. Noemis Leben ändert sich im hohen Alter noch einmal. Was sind „Stufen" im Leben der Teilnehmenden? Was gibt es für Veränderungen, die ihnen schwerfallen?
3. Gespräch: Rut und Noemi helfen sich gegenseitig. Was geht am besten gemeinsam? Wie kann mit Veränderungen und Neuanfängen umgegangen werden? Wer hilft? Wer geht mit?

IM RAHMEN EINES GOTTESDIENSTES ODER IN EINER GRÖSSEREN GRUPPE

Wo möglich, lassen sich auch im Rahmen eines Gottesdienstes die o.g. Gesprächsimpulse verwenden.

Alternativ:

1. Ein DIN-A5-Blatt gestalten: Auf die linke Seite wird das Foto, auf die rechte Seite der Satz: „Wir nehmen einander an die Hand." kopiert.
2. Überlegen/eventuell notieren, was mir persönlich zum Thema: „In der Fremde sein" oder „Menschen verschiedener Generationen sind gemeinsam auf dem Weg" einfällt.

4. Verirrt

Verirrt.
Ein weißer Wald.
Alles weiß.
Nur wir allein,
zwei dunkle Flecken.
Verloren.

Wie ein weißer Wald. So mag Maria und Josef der Ort vorkommen, an dem sie stehen. Sie haben sich verirrt, in diesem Gewirr aus weißen Betonstelen. Es ist, als ob die Stadt sie verschluckt hätte. Dunkel heben sie sich von den grauweißen Säulen ab. Die Steine wirken kalt und abweisend. Maria und Josef haben die Orientierung verloren. Sie haben sich verirrt in diesem unbelebten Wald aus Stein. Maria fasst sich ans Herz. Sie sieht erschrocken aus. Wir wissen nicht, wie lange sie schon herumirren. Josef scheint in eine Richtung zu deuten. Vielleicht haben sie diesen Weg noch nicht probiert. Oder laufen sie etwa im Kreis?
Die Orientierung zu verlieren, das geht heutzutage schnell. Wo wir auch hingehen, was wir auch tun, überall nimmt uns ein Überangebot in Empfang. Unendliche Möglichkeiten, auszuwählen, und ebenso viele Möglichkeiten, sich falsch zu entscheiden. Nicht nur was unseren Konsum angeht, auch hinsichtlich unserer Weltsicht, unserer Werte, unserer Religion gibt es eine Fülle von Sinndeutungsangeboten, zwischen denen wir uns entscheiden können. Oder die wir uns zusammenstellen, wie es uns gefällt. Denn heute lässt sich alles personalisieren. Die Religion, das Handy, das Müsli. Ständig müssen wir entscheiden, was uns als Person, als Individuum ausmacht. Das ist anstrengend. Und es wird fast unmöglich, wenn wir angesichts der Fülle der Möglichkeiten unsicher werden sollten. Man könnte auf der einen Seite sagen, dass wir ein „buntes" Angebot vor uns liegen haben. Auf der anderen Seite gleicht dieses Angebot jedoch eher dem „weißen Wald", in dem Maria und Josef sich verirrt haben. Denn trotz aller Farbigkeit mangelt es an dem, was wirklich Orientierung und Halt gibt. Ebenso wie im „weißen Wald" ist es auch im „bunten Wald" schwer, einen Überblick zu gewinnen und den richtigen Weg zu finden. Viele Menschen sehnen sich deshalb nach einer Art Wegweiser. Nach etwas oder nach jemandem, der ihnen den Weg zeigt. Vielleicht gar nicht mal den richtigen, sondern einfach nur einen sicheren Weg, der sie aus der Verwirrung und Verlorenheit herausführt. In den Buchläden häufen sich daher die Ratgeber für alle Lebenslagen. Sie können eine erste Hilfe sein. Besser ist es jedoch, wenn es einen Menschen gibt, der einem helfen kann. Mit dem man im Gespräch herausfinden kann, was einem selbst wichtig ist. Besonders hilfreich kann es sein, wenn man sich in einer Religion

zu Hause fühlt. In einer Gemeinschaft, wie der christlichen, die sich einem gemeinsamen Glauben und gemeinsamen Werten verpflichtet fühlt. Wir haben einen reichen Erfahrungsschatz, der helfen kann. Denn nicht nur wir, sondern auch die Menschen, die uns in der Bibel begegnen, erzählen uns von ihren Erfahrungen im „weißen Wald". Und wie sie wieder herausgefunden haben.

Praxisidee 1: Biblische Figuren

Mit den Teilnehmenden gemeinsam überlegen, welche biblischen Figuren sich auf ihrem Weg verirrt und wieder zurückgefunden haben.
Beispiele: Petrus, Paulus, Elia …

Praxisidee 2: Ein Wald aus Worten

IN DER GRUPPE

Material: Papier und Bunt- oder Bleistifte

Es wird mithilfe von Worten ein Bild „gemalt". Ähnlich den Stelen auf dem Foto, die einem weißen Betonwald ähneln, wird ein Wald aus Worten entstehen.

1. Die Teilnehmenden sammeln für sich oder in der Gruppe Begriffe unter dem Oberbegriff: Orientierungslosigkeit
   Beispiele: Überangebot, Bürokratie, Anträge, Weltsichten, Globalisierung, Religionen, Meinungen, Technik, Möglichkeiten, Reiseziele, Verwirrung …
2. Die Worte werden nun in der Form eines Waldes auf das Blatt Papier geschrieben.
   Siehe nebenstehendes Beispiel:

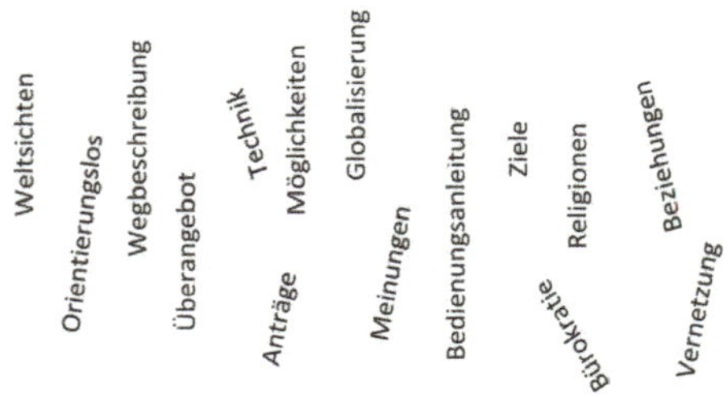

3. Die Teilnehmenden überlegen, was bei Orientierungslosigkeit helfen kann. Beispiele: Regeln, Freunde, Glaube, Gespräche, Ratgeber …
4. Die Teilnehmenden fügen ihrem Wald aus Worten Wegweiser hinzu.
   Beispiel:

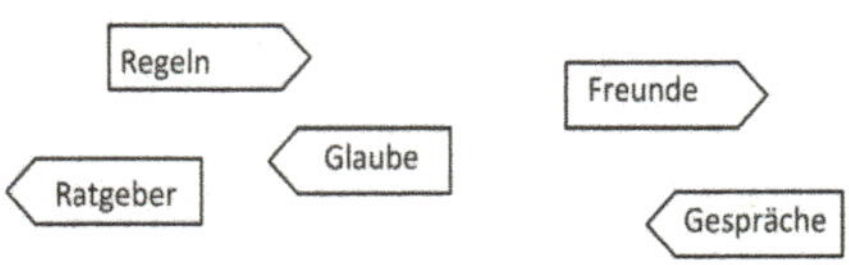

IM RAHMEN EINES GOTTESDIENSTES ODER IN EINER GRÖSSEREN GRUPPE

Leicht variiert, lassen sich die o.g. Ideen auch im Gottesdienst umsetzen, z.B. in Einzelarbeit an verschiedenen Orten im Gottesdienstraum.

5. Über den Dingen stehen

Über den Dingen stehen.
Der Weg ist so klar.
Ich sehe ihn vor mir.
Ich weiß, wie ich ihn gehen kann.
Ich atme auf.

Kennen Sie diese Momente, in denen alles ganz klar wird? In denen Sie sich zugleich ganz bei sich selbst als auch ganz bei Gott fühlen? In denen einfach alles stimmig ist und einen Sinn ergibt? So einen Moment, der einem noch lange nachgeht, ja, der einen nachhaltig verändert, nennen die Theologen und davor schon die griechischen Philosophen „kairos". Kairos bedeutet so viel wie *der richtige oder der entscheidende oder gar der lebensverändernde Augenblick.* In diesem Augenblick spüren alle Anwesenden, dass gerade etwas Großes, etwas nicht nur rational Erklärbares geschieht. Es ist, als ob einem die Augen geöffnet werden für die göttliche Wahrheit, die hinter dem Mantel des menschlich Fassbaren aufscheint. Als ob ein Vorhang für einen Moment gelüftet würde. Von solchen Momenten erzählt die Bibel immer wieder. Als Gott sich Mose im brennenden Dornbusch zeigt, als er zu Ijob aus dem Wettersturm spricht. Als Jesus Kranke heilt und den Menschen predigt. In diesen Momenten kommen sich Mensch und Gott ganz nah.

Es gibt sie noch heute, diese Momente. Sie kommen unerwartet und plötzlich. Doch wir erleben sie immer wieder. Maria und Josef wurde ein solcher Moment auf ihrem Weg geschenkt. Plötzlich sehen sie ihren Weg ganz klar vor sich. Sie wissen, wie sie ihn weitergehen können. Sie atmen auf. Sie fühlen sich nicht mehr verloren, sondern haben erneut den Überblick gewonnen. Über ihren Weg, über ihr Ziel, über ihre Ressourcen.

Ein Kairos trifft uns oft unerwartet, ohne dass wir uns darauf vorbereiten können. Vielleicht passiert er in einem Gespräch, vielleicht beim Betreten einer eindrucksvollen Kirche, beim Hören eines Musikstücks, in der Natur. Oder auch an Orten, an denen wir noch weniger damit rechnen: im Krankenhaus, im Gefängnis, im Pflegeheim … Wir wissen nicht, wann und wo er uns begegnet, der besondere Moment. Aber die Augen und Sinne können wir für ihn offen und wach halten.

Ein Kairos rückt Dinge wieder in das richtige Licht. Plötzlich spüren wir es wieder: was unsere Stärken sind, wie unsere Werte aussehen, welche Wahrheiten uns heilig sind.

In solchen Momenten geht uns auch auf, was uns in unserem Leben wirklich wichtig ist, worauf es uns ankommt, was uns ausmacht und unser Leben bestimmt.

Wie Maria und Josef können wir dann aufatmen. Die frische Luft spüren, als ob wir auf einem erhöhten Aussichtspunkt stehen und unser Leben betrachten: so klar wie die sich unter uns ausbreitende Landschaft. Es ist wichtig, solche Momente festzuhalten. Sie sind Geschenke, die uns nicht oft gemacht werden. Das macht sie umso wertvoller. Sie lassen uns optimistisch und gestärkt unsere Wege weitergehen. Und so machen sich auch Maria und Josef wieder auf – ihr Ziel vor Augen.

Praxisidee: Pyramide des Lebens

IN DER GRUPPE

Die Teilnehmenden überlegen, worauf es ihnen im Leben ankommt, welche persönlichen Werte und Wahrheiten sie ausmachen.

1. Die Zeichnung einer Pyramide *(Arbeitsblatt 1: Pyramide des Lebens)* wird ausgeteilt.
2. Die Teilnehmenden tragen ihre Werte und Wahrheiten in die Pyramide ein. Tragende „Grundsteine" kommen dabei in die unterste Reihe, der „Spitzenwert" in die oberste Reihe.

Pyramide des Lebens

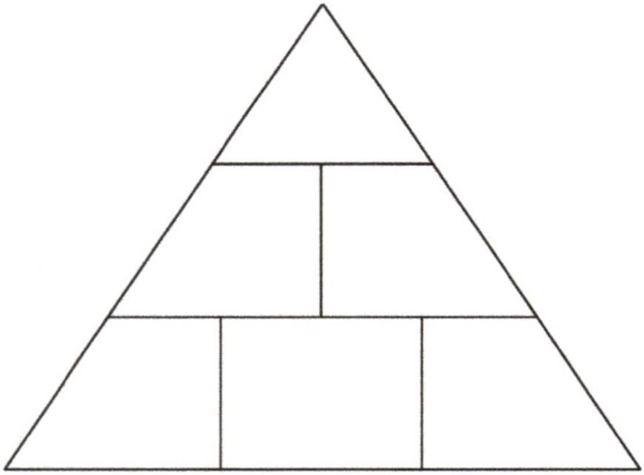

3. Austausch

IM RAHMEN EINES GOTTESDIENSTES ODER IN EINER GRÖSSEREN GRUPPE

Die o.g. Form ist auch innerhalb einer gottesdienstlichen Feier mit geringerer Teilnehmerzahl einsetzbar.

Alternativ:

1. Ein Blatt, evtl. mit Foto *(Arbeitsblatt 13 = Bild 5 vom Tag zum Downloaden)*, wird ausgeteilt.
2. Zum Nachdenken anregen: „Was wäre solch ein Kairos in meinem Leben? Wie hat sich mein Leben dadurch verändert? Was lässt mich dankbar sein?"
3. Das Blatt mit nach Hause nehmen.

6. Weiter Raum

Ich komme gut voran.
Du hast mir Kraft geschenkt.
Ich habe den Kopf gehoben und Mut gefasst.
Du hast mich auf weiten Raum gestellt.
Ich schreite frei aus.

Du stellst meine Füße auf weiten Raum. So lesen wir es in Psalm 31. Das Foto könnte eine Illustration dieses Verses sein. Maria und Josef schreiten fast forsch voran. Sie sind schnell unterwegs. Zuversichtlich und kräftig gehen sie ihren Weg. Gott hat sie auf weiten Raum gestellt. Vielleicht kommt uns, wenn wir uns einen weiten Raum vorstellen, nicht sofort ein gepflasterter Bürgersteig in den Sinn. Ich denke, wir sehen eher ein breites Tal oder eine endlose Steppe vor uns, vielleicht auch einen langen Sandstrand oder die Weite des Meeres und des Himmels. Bei all diesen Bildern kommt uns das Gefühl von Freiheit in den Sinn. Vielleicht riechen wir die salzige Luft, spüren die wärmenden Strahlen der Sonne, fühlen das Gras unter unseren Füßen, wenn wir uns diesen Ort vorstellen. Hier können wir endlos laufen oder segeln oder fliegen, ohne dass unser Fortkommen erschwert wird. Hier schränkt uns nichts ein. Hier können wir uns entfalten.

Doch selbst in der Stadt, wo der Horizont verstellt ist, wo selten Gras zu spüren und gute Luft zu riechen ist, selbst hier spüren Maria und Josef die Weite des Raumes und die Freiheit, die damit einhergeht. Es ist eine innere Weite, die sie erfahren. Die Worte des Psalms beschreiben ein Gefühl, das sich an jedem Ort erfahren lässt. Maria und Josef fühlen sich frei. Befreit von einer Last, mutig und entschlossen gehen sie ihren Weg. Es ist typisch für die Psalmen, dass sie in Bildern zu uns sprechen. Ein inneres Empfinden wird mit verschiedenen Vergleichen und Symbolen ausgedrückt. Das Gefühl, von Gott beschützt zu werden, kann so beschrieben werden: „Er beschirmt dich mit seinen Flügeln, unter seinen Schwingen findest du Zuflucht, Schild und Schutz ist dir seine Treue." (Psalm 91,4). Das Gefühl, bedroht zu werden, beschreiben die Psalmen mit Bildern von wilden Tieren, zum Beispiel in Psalm 22,14: „Sie sperren gegen mich ihren Rachen auf, reißende, brüllende Löwen." Egal, um welches Gefühl es geht, immer gelingt es den Psalmen, uns ganz unmittelbar anzusprechen und uns zu berühren. Nehmen Sie sich doch einmal wieder Zeit, in diesem Buch der Bibel zu blättern. Lassen Sie sich in den weiten Raum stellen, den die Psalmen Ihnen eröffnen.

Praxisidee: Phantasiereise und Psalmverse dichten

IN DER GRUPPE

1. Der Leiter/die Leiterin gestaltet eine Phantasiereise zum zentralen Gedanken des Verses: Freiheit/Weite/Entfaltung. Die Teilnehmenden könnten z.B. dazu angeleitet werden, sich an einen Ort zu versetzen, an dem sie ein Gefühl der Weite und der Freiheit erlebt haben (inklusive der dort erlebten Geräusche, Gerüche, Klänge, Farben ...). Auch Gefühle, die mit der Möglichkeit, sich zu entfalten, aufkommen (dankbar, glücklich, energiegeladen, euphorisch sein ...), können angesprochen werden.
2. Der Leiter/die Leiterin stellt Informationen zur hebräischen Poesie zur Verfügung.
   In den meisten Fällen beziehen sich je zwei Verse oder Halbverse eines Psalmes eng aufeinander (parallelismus membrorum). Bei einem synthetischen Parallelismus membrorum wird in beiden Versen oder Halbversen der gleiche Gedanke zum Ausdruck gebracht, wobei nur die Ausdrücke und sprachlichen Formulierungen wechseln. Es ist so, als ob ein Bild, ein Wort, ein Gedanke von vielen Seiten beleuchtet/in all seinen Facetten dargestellt wird.
   Beispiel: Ps 71,9:
   Verwirf mich nicht in meinem Alter,
   verlass mich nicht, wenn ich schwach werde.
3. Die Teilnehmenden dichten einen eigenen Halbvers als Parallelismus membrorum zu Psalm 31,9b, indem sie die Erfahrungen aus der Phantasiereise einfließen lassen.
   Beispiele:
   Du stellst meine Füße auf weiten Raum.
   Du schenkst mir die Luft zum Atmen.
   Meine Augen sehen die Weite des Meeres.[1]
4. Der auf diese Weise gemeinsam gedichtete Psalm wird vorgetragen.
5. Lied: Du stellst meine Füße auf weiten Raum (NL 29).

IM RAHMEN EINES GOTTESDIENSTES ODER IN EINER GRÖSSEREN GRUPPE

1. Die Phantasiereise lässt sich auch im Rahmen eines Gottesdienstes durchführen.
2. Bei liturgischen Feiern mit einer geringeren Teilnehmerzahl ist es möglich, Psalmverse zu dichten und diese anschließend vom Ambo/Lesepult vorzutragen.

Anmerkung

1 Hier in der Lutherübersetzung, da die Einheitsübersetzung statt „stellen" das Verb „schenken" verwendet: „Du hast meinen Füßen freien Raum geschenkt". Diese Bedeutung hat es im Hebräischen jedoch nicht.
An verschiedenen Stellen dieses Buches wird statt der Einheitsübersetzung die Lutherübersetzung verwendet, sei es, wie oben, aus sprachlichen Gründen, sei es, wie z.B. auf S. 40, weil die vorgeschlagenen Lieder diese Übersetzung verwenden. Dort, wo beide Versionen abgedruckt sind, etwa beim Weihnachtsevangelium (vgl. S. 14), geschieht dies, weil sowohl katholische als auch evangelische Christen und Christinnen „ihre" Version der Weihnachtsgeschichte im Ohr haben.
Soweit nicht anders angegeben, folgt der Text der Einheitsübersetzung der Heiligen Schrift

7. Ich komme nicht dazu

Alles geht so schnell.
So rasend schnell.
Rast an mir vorbei.
Ich komme nicht dazu, zu tun, was ich tun will.
Ich komme nicht dazu, zu fragen, was ich fragen will.
Ich komme nicht dazu, zu sagen, was ich sagen will.
Wann wird es wieder ruhig werden?
Wann kann ich Atem holen?
Wann?

Das sieht schon sehr gefährlich aus! Viel zu nah stehen Maria und Josef an der Straße. Die Autos rasen an ihnen vorbei. Viel zu schnell. Der Fahrtwind reißt die beiden kleinen Figuren fast um. Doch es scheint keine andere Möglichkeit zu geben, als diese Straße zu überqueren. Wenn wir das Foto betrachten, dann können wir uns gut vorstellen, wie es den beiden Personen dort am Straßenrand geht. Die Autos rasen an uns vorbei. Eins nach dem anderen. Der Strom reißt nicht ab. Und alles geht so schnell. So eilig, wie die Autos es haben, so eilig haben auch wir es leider viel zu oft. Wir kommen nicht mehr dazu, zu tun, was wir tun wollen, zu fragen, was wir fragen wollen, zu sagen, was wir sagen wollen. Alles muss immer schnell gehen. Keine Zeit zum Nachdenken. Keine Zeit, etwas richtig zu verarbeiten. Sofort ersetzen neue Eindrücke, neue Aufgaben die alten. Wir sehnen die Zeit herbei, in der es wieder ruhig wird und wir neuen Atem schöpfen können. Doch wann wird diese Zeit da sein?

Wenn wir schon erkannt haben, dass uns alles viel zu schnell geht und dass wir uns nach Entschleunigung sehnen, dann könnte man meinen, dass es uns doch möglich sein müsste, einen Schritt weiter zu gehen und uns die nötige Zeit der Ruhe auch zu nehmen. Doch das scheint uns sehr schwer zu fallen. Weshalb ist es so schwer? Liegt es daran, dass wir so hohe Maßstäbe an uns selbst legen? Dass wir diese Effizienz und Belastbarkeit von uns verlangen, weil wir sonst schlecht dastehen würden? Vor anderen und vor uns selbst? Liegt es an dem schlechten Gewissen, das wir bekommen, wenn wir zu wenig leisten? Oder ist es der Druck, der von außen auf uns lastet und uns antreibt? Es gibt Regeln, Vorgaben, Fristen, die einzuhalten sind. Wir wollen keine geringere Leistung erbringen als der Kollege/die Kollegin. Wir konkurrieren miteinander. Und doch wissen wir … wenn wir nicht für uns sorgen, wenn wir uns keine Ruhepausen eingestehen, dann fällt irgendwann auch unsere Leistung ab, dann können wir irgendwann nicht mehr mithalten.

Wie kommen wir aus diesem Teufelskreis heraus? Wie gelingt es uns, wieder langsamer zu werden? In einem nachdenklichen Lied (EG Württemberg 628, EH 121) wird ein Vers aus Psalm 31 aufgegriffen: Meine Zeit steht in deinen Händen. Letztlich sind wir nicht Herr oder Herrin unserer Zeit. Gott ist es.

Gott, von dem es in Ps 62,2 heißt, dass unsere Seele bei ihm Ruhe finden kann. Gott selbst möchte uns aus unserer Schnelllebigkeit herausrufen. Auf der Suche nach der Ruhe, die Gott uns anbietet, haben Menschen Methoden gefunden, die ihnen dabei helfen, sie zu finden: Gebet, Meditation, Gesang … – es gibt viele Möglichkeiten. Und trotz aller Hektik eignet sich gerade der Advent dazu, Ruhe und Stille einzuüben. Im Gottesdienst am Adventssonntag, beim Betrachten der Kerzen am Adventskranz, beim Meditieren der Verheißungen Gottes, beim Singen von Adventsliedern. Wenn wir etwas davon ausprobieren, dann kann es wieder ruhig werden. Dann verlangsamt sich die Zeit. Dann können wir wieder Atem holen.

Praxisidee: Kurze Meditation zu Palm 62,2 (oder zu Psalm 31,16a)

IN DER GRUPPE

1. Die Teilnehmenden schreiben auf einen Zettel, was ihnen gerade zu schnell geht und ihnen den Atem raubt.
2. Die Zettel werden in die Mitte gelegt. Wer etwas zu seinem Zettel sagen möchte, wird dazu eingeladen.
3. Über die Zettel wird ein Tuch ausgebreitet. Eine Kerze wird auf das Tuch gestellt und entzündet. Die Teilnehmenden werden zu einer kurzen Meditation eingeladen.
   „Wir halten nun eine Zeit der Stille von 10 Minuten (je nach Gruppe auch kürzer). Setzen Sie sich bequem hin, so dass Ihr Atem gleichmäßig und ruhig ein- und ausströmen kann. Ich werde zu Beginn einen Bibelvers vorlesen, der Sie in die Stille begleiten soll. Sollten Ihnen ungewollte Gedanken kommen, dann akzeptieren Sie dies und lassen Sie sie an sich vorbeiziehen. Versuchen Sie dann, sich wieder auf das Bibelwort zu konzentrieren."
4. Ps 62,2 oder Ps 31,16a wird vorgelesen: „Bei Gott allein kommt meine Seele zur Ruhe, von ihm kommt mir Hilfe" (Ps 62,2). Oder „Meine Zeit steht in deinen Händen" (Ps 31,16a, Lutherübersetzung). Danach wird die Zeit der Stille mit einem Signal (Klangschale, Glocke …) eingeleitet und nach Ablaufen der Zeit mit demselben Signal beendet.
5. Raum für Austausch.
6. Abschluss mit Lied EG (Regionalteil Württemberg) 628; EH 121: Meine Zeit steht in deinen Händen.

IM RAHMEN EINES GOTTESDIENSTES ODER IN EINER GRÖSSEREN GRUPPE

Die Meditation unter Punkt 4 ist auch innerhalb eines Gottesdienstes möglich.

Die Zettel mit den Notizen werden in Einzelarbeit geschrieben und anschließend eingesammelt und in einer schönen Schale im Altarraum abgestellt. Der/die (Gottesdienst-)Leiter/in kann dann die Schritte 3 und 4 im Altarraum oder in der Kirchenmitte vollziehen.

8. Die Welt steht kopf

Die Welt steht kopf.
Wo ist oben? Wo ist unten?
Was ist los mit mir?
Irgendetwas stimmt nicht.
Verkehrt, verzerrt und verspiegelt.
Meine Welt steht kopf.

Waren Sie schon einmal in einem Spiegelkabinett? Wenn Sie gerne Schlösser besichtigen, dann werden Sie den einen oder anderen Spiegelsaal bewundert haben. Es gibt sie unter anderem im Residenzschloss in Ludwigsburg, im Schloss Herrenchiemsee in Bayern und, wohl das berühmteste Beispiel, im Schloss Ludwigs XIV. in Versailles. All diese prunkvollen Säle wurden mit Spiegeln ausgehängt, um den Raum größer erscheinen zu lassen und eine perfekte Ausleuchtung zu garantieren. Neben den Spiegelsälen gibt es Spiegelkabinette in Form von sogenannten Lachkabinetten. Hier dienen verzerrende Spiegel dazu, den Körper unförmig, mal extrem dünn, mal extrem dick aussehen zu lassen. Möglichst bizarre und lustige Positionen einzunehmen macht großen Spaß. Und zuletzt sind da die Spiegelkabinette zu nennen, bei denen Spiegel genutzt werden, um uns in die Irre zu führen. Irrgärten voller Spiegel. Ich bin einmal in einem solchen Irrgarten gewesen und habe lange Zeit nicht mehr herausgefunden. Es gab keinerlei Anhaltspunkte, wo ich schon einmal gewesen war, da alle Spiegel absolut gleich aussahen. Und was mich noch mehr irritierte: Immer war ich es selbst, der ich begegnete. Egal wo ich hinschaute, überall blickte mein eigenes Spiegelbild zurück, genauso hilf- und ratlos wie ich. Ein beklemmendes Gefühl.

In einem solchen Irrgarten aus Spiegeln scheinen sich auch Maria und Josef zu befinden. Sie scheinen nicht mehr zu wissen, wo oben und unten ist. Ihre Welt steht kopf. Alles erscheint verkehrt, verzerrt und verspiegelt. Sie scheinen keinen Ausweg zu finden. Sie sind allein mit ihrem Spiegelbild. Sie sind auf sich selbst zurückgeworfen.

Vielleicht ist das das größte Problem. In den meisten Fällen gibt es Orte und Menschen, die uns weiterhelfen, wenn wir verwirrt sind, wenn wir den Überblick verloren haben und nichts mehr einen Sinn zu ergeben scheint. Doch in diesem Fall gibt es niemanden außer uns selbst. Ich denke, das ist das Erschreckende. Wir müssen den Ausweg ganz alleine finden. Es liegt an uns, die Lösung zu finden.

Wenn ich mich in einem Spiegel betrachte, dann sehe ich zuerst das, was vor Augen liegt. Meine Augen, meine Nase, mein Mund, Ohren, Haare … Ich sehe zuerst die äußere Hülle von dem, was ich bin. Wenn ich aber tiefer schaue, dann kann ich etwas von dem entdecken, was tiefer liegt, etwas von meinem Wesen, meinem Charakter, meinem inneren Selbst. Vielleicht würde ich sogar einen Blick von dem erhaschen, was Gott in mir sieht. In der Bibel heißt es, dass Gott uns nach seinem Bild erschaffen hat. Wir sind Gott ebenbildlich. Das bedeutet, dass Gott etwas von sich selbst in jede und jeden von uns hineingelegt hat.

In seinem 2. Brief an die Korinther schreibt der Apostel Paulus in Kapitel 3, Vers 18: „Wir alle spiegeln mit enthülltem Angesicht die Herrlichkeit des Herrn wider und werden so in sein eigenes Bild verwandelt, von Herrlichkeit zu Herrlichkeit, durch den Geist des Herrn." Was Paulus in komplizierter Satzform hier sagt, lässt sich auch leichter ausdrücken: Jeder Mensch ist als Gottes Ebenbild erschaffen. Zwar ist dieses Bild noch nicht vollkommen, noch nicht ganz klar zu erkennen, aber es ist in uns angelegt. Wir werden immer mehr dahin verwandelt. Der Heilige Geist wirkt in uns, damit wir immer mehr zu dem werden, was Gott in uns erkennt. Und Gott sieht mehr in uns, als wir das selber tun. Mehr Potenzial, mehr Gutes.

Mir macht dieser Gedanke Mut, mir mehr zuzutrauen, als ich es sonst tun würde. Auch wenn ich allein auf mich zurückgeworfen bin, weiß ich, dass ich nicht wirklich alleine bin. Wenn ich in den Spiegel schaue, dann sehe ich nicht nur mich, sondern auch das, was mir von Gott gegeben wurde und mich zu einem Teil von ihm macht. Das stärkt mich und lässt mich wieder zu mir selbst finden, wenn ich mich einmal verirrt habe.

Praxisidee: Ein expressionistisches Bild malen

IN DER GRUPPE

Leuchtende, oft unvermischte und übersteigerte Farben wurden von expressionistischen Künstlern genutzt, um Emotionen möglichst direkt und unverfälscht zu vermitteln.

Material: Foto vom heutigen Tag *(Arbeitsblatt 14 = Bild 8 zum Downloaden)* in Kopie für jeden Teilnehmenden, Wachskreiden.

1. Die Teilnehmenden sollen mit Farben die Emotionen ausdrücken, die sie empfinden, wenn sie verwirrt sind, ihre Welt kopf steht, sie nicht mehr ein noch aus wissen, sie in eine Sackgasse geraten sind. Das schwarzweiße Foto wird mit Wachskreiden ausgemalt.
2. Es ist möglich, die Bilder im Anschluss im Rahmen einer privaten Ausstellung zu betrachten. Jedoch kann es auch sein, dass die entstandenen Bilder zu persönlich sind, um sie den anderen Teilnehmenden zu zeigen. Darauf soll Rücksicht genommen werden.

IM RAHMEN EINES GOTTESDIENSTES ODER IN EINER GRÖSSEREN GRUPPE

Eine Kopie des Bildes zum Ausgestalten mit nach Hause geben.

Alternativ: Die in einer Gruppe gemalten Bilder werden im Gottesdienstraum ausgestellt.

9. Herzen

Hast du sie gesehen?
Herzen am Wegesrand.
Halte an.
Verpasse sie nicht.

Seht auf und erhebt eure Häupter,
weil sich eure Erlösung naht.

LUKAS 21,28, LUTHERÜBERSETZUNG

Wie leicht sind sie zu übersehen! Die kleinen Herzen am Wegesrand. Doch Maria und Josef haben die roten Graffitiherzen entdeckt. Fast überrascht und ungläubig scheinen sie darauf zu deuten und einander auf die Herzen aufmerksam zu machen. Als hätten sie in der kalten Betonlandschaft, in der sie unterwegs sind, niemals mit einem solchen Fund gerechnet. Sie haben angehalten. Sie halten inne.

Wie leicht übersehen wir sie, die kleinen Herzen am Wegesrand. Das freundliche Lächeln eines Passanten. Das Kind, das uns aus seinem Kinderwagen zuwinkt. Den netten Abschiedsgruß der Verkäuferin nach dem Einkauf. Dabei sind sie da, die Herzen. Die Menschen sind herzlicher, als man denkt. Auch in der angeblich so anonymen Stadt.

Im Advent begleitet uns ein Vers aus dem Lukasevangelium. „Seht auf und erhebt eure Häupter, weil sich eure Erlösung naht." (Lukas 21,28) Obwohl er zum Advent gut passt, ist der Vers eigentlich gar nicht auf das Kommen Jesu zu Weihnachten bezogen, sondern auf seine Wiederkehr am Ende der Zeiten. Dann, wenn diese Welt vergehen und das Reich Gottes anbrechen wird. Viele Visionen sprechen von den Ereignissen, die sich dann zutragen sollen. Die meisten sind erschreckend und gewaltig. In der Offenbarung des Johannes lesen wir von Naturkatastrophen, Krieg und Krankheit, von den Wehen der Endzeit. Wenn wir daran denken, dann wollen wir wohl eher nicht unsere Häupter erheben, sondern sie lieber einziehen und uns verstecken. Nach Erlösung hört sich das nicht an. Und bestimmt nicht nach roten Herzen am Wegesrand, die auf diese Erlösung hinzuweisen scheinen. Doch sowohl Johannes als auch Lukas sind sich einig: Bevor die Erlösung eintritt, gibt es ein tosendes, furchtbares Finale – eine Apokalypse.

Wann tritt dieses Finale, diese Endzeit ein? Die jungen christlichen Gemeinden, in denen die apokalyptischen Texte entstanden, haben sich wohl schon in der Endzeit gesehen. Sie haben viele der Schrecknisse erlebt, von denen diese Texte erzählen: Verfolgung, Krankheit, Krieg – das alles war ihnen nicht fremd. Und scheinen nicht auch wir in einer Art Endzeit zu leben? Was wir heute und in unserer jüngeren Geschichte an Kriegen und Katastrophen zu vermelden haben, scheint jedenfalls die Bedingungen, die Johannes und Lukas schildern, zu erfüllen.

Doch was ist eigentlich aus den Herzen am Wegesrand geworden? Sie sind ja auch da, unverkennbar. Wenn wir in der Bibel lesen, dann finden wir neben den apokalyptischen Texten auch solche, die auf andere Weise von der Erlösung sprechen. In der Zuwendung Jesu Christi zu uns Menschen ist das Reich Gottes schon jetzt in dieser Welt angebrochen. Wo Menschen heil werden, wo die frohe Botschaft – das Evangelium – verkündet wird, da ist es mitten unter uns. Wie ein Same, der schon ausgetrieben hat und aus dem ein Baum herangewachsen ist, so ist das Himmelreich schon auf der Erde angekommen und wächst heran. Die Herzen am Weg, die Freundlichkeit der Menschen, sind Zeichen und zugleich Verweise auf das, was schon ist, und auf das Größere, was noch kommen wird. Deshalb sollen wir unsere Häupter erheben, damit wir nicht nur das sehen, was unsere Welt erschüttert, sondern auch das, was schon jetzt an Gutem und Erlösendem da ist.

Hast du sie gesehen? Herzen am Wegesrand. Halte an. Verpasse sie nicht.

Praxisidee: Ein Elfchen zu den Worten „Herz“ und „Erlösung“ schreiben

IN DER GRUPPE

1. Den Teilnehmenden wird erklärt, was ein Elfchen ist.
   Es bietet sich an, ein Arbeitsblatt auszuteilen *(Arbeitsblatt 2: Elfchen).*

1. Zeile	1 Wort	Ein Gedanke, ein Gegenstand, eine Farbe, ein Geruch o.Ä.
2. Zeile	2 Worte	Was macht das Wort aus Zeile 1?
3. Zeile	3 Worte	Wo oder wie ist das Wort aus Zeile 1?
4. Zeile	4 Worte	Was meinst du zu diesem Thema?
5. Zeile	1 Wort	Fazit: Was kommt dabei heraus?

Beispiele:

a) Herz
Verschenkt sich
Sanft, selbstlos, singend
Ich schenke es dir
Himmel

b) Erlösung
Wird erwartet
Freiheit, Liebe, Freude
Ich sehne mich danach
Komm!

2. Die Elfchen werden gedichtet.
3. Wer mag, kann seine Elfchen vorstellen.
4. Ein Lied singen, z.B.: Seht auf und erhebt eure Häupter (EG 21) oder: Macht hoch die Tür, Str. 4.5 (GL 218; EG 1)

IM RAHMEN EINES GOTTESDIENSTES ODER IN EINER GRÖSSEREN GRUPPE

In Einzelarbeit können Elfchen gedichtet und anschließend vom Ambo/Lesepult verlesen werden.

10. Verpasst

Verpasst.
Vor der Nase weggefahren.
Zu langsam gewesen.
Versäumt.
Nicht schnell genug.
Chance vorbei.
Verpasst.

Fast hätten Maria und Josef es geschafft. Maria streckt noch den Arm aus, um das Taxi aufzuhalten, doch beide Wagen haben sich schon in Bewegung gesetzt. Verpasst. Versäumt. Sie waren nicht schnell genug. Nicht schnell genug, das sind auch wir häufig. In dieser schnellen Zeit ist es fast unmöglich, immer und überall mit dabei zu sein, auf dem Laufenden zu bleiben und nichts zu verpassen. Meistens fällt uns das nicht weiter auf. Wir haben uns daran gewöhnt, dass es vieles gibt, das wir nicht beeinflussen können und das über unseren Horizont geht.

Anders ist das bei den Dingen, die uns persönlich betreffen. Wenn wir uns etwas ersehnt haben, das wir dann nicht erreichen. Wenn Träume, die wir einmal geträumt haben, sich in Luft auflösen. Wenn sich Chancen auftun und wir sie nicht ergreifen. Weil wir sie zu spät erkannt haben, weil wir nicht den Mut dazu hatten. Wenn wir auf unser Leben zurückblicken, dann sehen wir nicht nur das Leben, das wir gelebt haben, unsere Biografie. Wir sehen auch das Leben, das wir nicht gelebt haben. Wir sehnen uns nach dem Leben, das unseres hätte sein können. Nach dem Leben, von dem wir uns gewünscht hätten, dass es unseres ist. Vielleicht ist es der Kinderwunsch, der nicht in Erfüllung gegangen ist. Vielleicht ein Beruf, den man nicht ergriffen hat. Vielleicht die Sehnsucht nach einem Partner oder einer Partnerin oder der Traum, die Welt zu erkunden. Ich denke, jeder und jede von uns hatte so einen Wunsch, der sich nicht erfüllt hat. Weiß von etwas, das er oder sie versäumt hat, und ist traurig, weil etwas Ersehntes nie wahr geworden ist.

Im ersten Buch Mose, dem Buch Genesis, steht die Geschichte von Abraham und Sara. Beide führen ein von Gott gesegnetes Leben. Er begleitet sie auf ihrem Weg in die Fremde, bewahrt sie vor Gefahren, er schließt mit ihnen einen Bund. Abraham und Sara leben ein gutes Leben, ganz nahe bei Gott. Doch selbst sie haben eine Sehnsucht, die sich nicht zu erfüllen scheint. Obwohl Gott ihnen Nachkommen verheißen hat, bekommen Abraham und Sara keine Kinder. Deshalb ist es nicht verwunderlich, wie Sara sich verhält, als Gott sie und Abraham in Gestalt dreier Männer im Hain von Mamre besucht. Als Gott ihnen erneut einen Sohn verheißt, schon in einem Jahr, da lacht sie. Ich denke, es war ein bitteres Lachen, resigniert und ungläubig. Sara hat ihre Sehnsucht begraben. Sie glaubt nicht mehr an Wunder. Wir wissen, wie die

Geschichte endet. Sara und Abraham bekommen einen Sohn, Isaak. Die Verheißung Gottes hat sich erfüllt.
Gottes Verheißungen begleiten uns unser ganzes Leben. Mit der Taufe verspricht er uns seinen Segen und seine Begleitung. Jesus verspricht uns den Heiligen Geist, er verspricht uns den Glauben, die Hoffnung und die Liebe. Er verheißt uns nicht, dass all unsere Wünsche in Erfüllung gehen. Es wird sie immer geben, die zerplatzten Träume und die enttäuschten Hoffnungen, nicht vielen wird es am Ende wie Abraham und Sara ergehen. Doch Gott verheißt uns, dass unser Leben, trotz seiner Brüche und Enttäuschungen, ganz sein kann. Wenn wir sehen, was er uns Gutes getan hat und was wir an Glück und Erfolg und Segen erfahren haben, dann können wir es schon jetzt erkennen. Einmal aber, wenn wir am Ende unseres Lebens zu ihm gehen, wird Gott uns mit allem, was uns beschwert und traurig gemacht hat, versöhnen. Und wir werden ganz sein.

Praxisidee: Lebensuhren

IN DER GRUPPE

Material: Kopie der Lebensuhr *(Arbeitsblatt 3: Lebensuhren),* transparentes Papier, Stifte.

Die Teilnehmenden sollen zwei Lebensuhren gestalten. In die eine Uhr wird Verpasstes, Versäumtes, zerronnene Chancen, zerplatzte Träume usw. eingetragen. In die andere kommen Momente, in denen man zur rechten Zeit am rechten Ort war, Glück, Gelungenes, Erfolge usw.

1. Zunächst werden bei einer Uhr die Stundenstriche beschriftet. Dies kann je nach Alter der Teilnehmenden unterschiedlich aussehen. Allen gemeinsam ist der Beginn bei der Geburt und dass der 11-Uhr-Strich das jetzige Alter anzeigt.
2. Die zweite Uhr entsteht, indem die erste Uhr von den Teilnehmenden auf ein transparentes Papier abgepaust wird (evtl. bereits vorbereiten).
3. Nun werden die schweren und glücklichen Ereignisse in bzw. an die jeweiligen Uhren eingetragen.

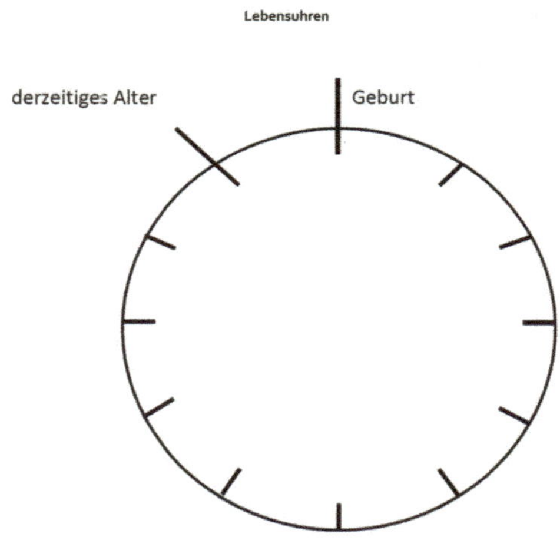

4. Zum Schluss wird die Uhr mit den glücklichen Momenten auf die Uhr mit den schwereren Momenten gelegt, so dass ein Gesamtbild entsteht.

IM RAHMEN EINES GOTTESDIENSTES ODER IN EINER GRÖSSEREN GRUPPE

Jede/r erhält am Ausgang ein Blatt mit einer Lebensuhr. Mit zwei verschiedenfarbigen Stiften lässt sich darauf Verpasstes und Gelungenes, s.o., eintragen.

11. Baustelle

Ich muss anhalten: Baustelle.
Mein Leben: Baustelle.
Abbruch und Neubau.
Was bleibt mir?
Es wird abgebrochen, woran mein Herz hing.
Es wird neu gebaut – wie werde ich damit leben?
Altes geht, Neues entsteht.
Du bleibst.

Was für ein Durcheinander! Maria und Josef müssen auf ihrem Weg erneut anhalten. Sie sind in eine Baustelle geraten. Zwar scheinen die Arbeiten gerade stillzustehen, doch die Bauarbeiter haben ein Chaos zurückgelassen. Es wird einige Zeit dauern, bis Maria und Josef ihren Weg wieder aufnehmen können.

Baustellen gibt es bei uns genug. Nicht nur auf Straßen, Autobahnen, beim Hausbau oder -umbau. Auch in unserem Leben. Baustellen bedeuten Veränderung. Etwas Altes wird abgebrochen, etwas Neues wird aufgebaut. Bis es so weit ist, ist die Lage zuweilen unübersichtlich. Das Alte ist zum großen Teil schon Vergangenheit, das Neue noch nicht vollständig zu erkennen. Manchmal sind solche Veränderungen gut. Da heißen wir die Baustelle willkommen – helfen tatkräftig beim Abbruch, haben die Pläne für die Zukunft schon bereitliegen und bauen mit Weitsicht und einem Ziel vor Augen das Neue auf.

Manchmal wollen wir das Neue, aber es ist nicht so leicht zu erreichen. Da steht der Plan für den Neubau schon, aber er will einfach nicht Realität werden. Der Bau verzögert sich. Weil wir Fehler machen, weil es an Material fehlt, weil Richtlinien nicht eingehalten werden. Wir werden ungeduldig und frustriert.

Manchmal bedauern wir, dass sich wieder etwas verändern muss. Wir wollen am Alten festhalten. Unser Herz hängt daran. Wir wollen es unter Denkmalschutz stellen und vor dem Abbruch bewahren. Wir sehen nicht ein, warum es etwas Neuem weichen soll. Ist denn neu gleichbedeutend mit besser?

Die Baustellen in unserem Leben. Sie können willkommen sein oder unwillkommen. Doch eins sind sie immer. Unausweichlich.

Wenn wir in die Bibel schauen, dann finden wir auch hier Baustellen. Große Baustellen. Große Veränderungen, welche die Menschen zu bewältigen hatten. Zum Beispiel in den 5 Büchern Mose. Die Erzählungen, von denen wir hier hören, sind geprägt von den drei großen Verheißungen, die Gott Abraham gab. Die Verheißung von Segen, Nachkommen und Land. Der Segen begleitet das Volk Israel, das immer größer geworden ist, auf seiner Wanderschaft in das Verheißene Land. Die Wanderschaft, die Heimatlosigkeit des Volkes, dauert Generationen. Eine Langzeitbaustelle, die selbst manche Bauprojekte in unserem Land übertrifft. Im Grunde ist ständig alles im Wandel. Der feste Boden, die Heimat, fehlt. Als das Volk nach langer, langer Zeit endlich vor dem Einzug in das Land steht, das zu seiner Heimat werden soll, ist die Unsicherheit groß. Ich denke, das ist verständlich. Wer nur den steten Wandel kennt, der weiß erst einmal nichts mit dem Dauerhaften, Stabilen anzufangen, selbst wenn er sich danach sehnt.

In dieser Situation spricht Gott zu Josua, der sein Volk in der Nachfolge Mose in die Heimat führen soll: „Habe ich dir nicht befohlen: Sei mutig und stark? Fürchte dich also nicht und hab keine Angst; denn der Herr, dein Gott, ist mit dir bei allem, was du unternimmst." (Josua 1,9) Eine Verheißung, die durch die Veränderung und die Unsicherheit hindurchträgt. Eine Verheißung, die auch uns vertrauensvoll in die Zukunft blicken lässt. Altes geht, Neues entsteht, doch in allem ist Gott mit uns. Er bleibt.

Praxisidee: Baustellen

IN DER GRUPPE

Material: Bauklötze aus Holz (gemischt: rechteckig, quadratisch, rund usw.), Teelichter

1. Die Teilnehmenden sollen überlegen, welche Baustellen sich gerade in ihrem Leben befinden. Mithilfe von Bauklötzen sollen sie diese Baustelle/n in abstrakter Form darstellen.
2. Die Teilnehmenden gehen im Raum umher und betrachten die einzelnen Baustellen.
   Anschließend hat jeder die Möglichkeit, von seiner Baustelle und wie sie dargestellt ist, zu sprechen. Es sollte darum gebeten werden, sich nicht gegenseitig Lösungsstrategien anzubieten. Es soll allein um das aufmerksame Wahrnehmen und Wertschätzen gehen.
3. Die Teilnehmenden erhalten Teelichter. Sie sollen überlegen, an welchen Stellen der Baustelle ihnen das Licht als Symbol für Gott/Licht/Hoffnung gerade guttun würde. Es können eine einzelne Stelle oder mehrere sein. Die Teilnehmenden werden gebeten, darauf zu achten, wie es sich anfühlt, wenn das Licht an einer bestimmten Stelle steht. Kommt ein Gefühl der Erleichterung auf? Werden die anstehenden Umbrüche in ein neues Licht gerückt?
4. Das fertige Bild (Baustelle mit Teelichter/n) kann entweder fotografiert oder abgezeichnet werden, falls die Teilnehmenden eine Erinnerung an das Erlebte mit nach Hause nehmen wollen.

IM RAHMEN EINES GOTTESDIENSTES ODER IN EINER GRÖSSEREN GRUPPE

1. Ein Baustellenschild ausleihen und im (Gottesdienst-)Raum aufstellen.
2. Jede/r überlegt, wo seine/ihre persönliche Baustelle ist.
3. Wer möchte, kann sich ein Teelicht als Symbol für Gott/Licht/Hoffnung nehmen und es zum Verkehrsschild stellen.

12. Einfach nur dasitzen

Einfach nur dasitzen. Ausruhen.
Meine Bank in Anspruch nehmen.
Mir eine Pause zugestehen.
Die anderen laufen noch.
Leere Bänke,
so weit das Auge reicht.

Das tut gut! Einfach nur dazusitzen und auszuruhen. Maria und Josef machen es richtig. Sie haben schon einen großen Teil des Weges geschafft. Jetzt muss auch einmal Zeit für eine Pause sein. Zwar wären die Bänke bestimmt gemütlicher, wenn es nicht so verschneit und kalt wäre, aber für ein kurzes Innehalten kommen sie gerade recht.
Die anderen Bänke sind leer. Maria und Josef sind die Einzigen, die sich eine kleine Auszeit gegönnt haben. Wenn wir einen Blick in ihre Zukunft werfen, dann sehen wir, dass sich die beiden schon bald, nachdem sie in Betlehem angekommen sind, wieder auf den Weg machen müssen. Denn König Herodes will den neugeborenen König suchen und töten lassen, um seine Macht zu sichern. Im Traum spricht Gott zu Josef und weist ihn an, mit Maria und dem Kind nach Ägypten zu fliehen und erst zurückzukehren, wenn die Gefahr gebannt ist. Und so werden sie sich wieder auf den Weg machen. Sie werden es wieder eilig haben, dieses Mal, weil sie einen Feind im Rücken haben. Doch auch auf diesem Weg werden sie vernünftig sein und Rast machen, um auszuruhen. Zwar steht in der Bibel nichts Näheres zu ihrer Reise, so wie auch nichts Näheres über den Weg nach Betlehem zu finden ist. Wir Menschen haben uns aber schon immer Gedanken darüber gemacht und die knappen biblischen Berichte mit Inhalten gefüllt. In der Kunst entstand auf diese Weise ein Bildtypus, den wir „Ruhe auf der Flucht nach Ägypten" nennen. Meist sitzt Maria mit dem Jesuskind auf dem Schoß im Bildvordergrund, während Josef sich um praktische Dinge kümmert. Er versorgt den Esel oder beschafft Nahrung. Oft ist er auch mit leicht besorgtem Gesichtsausdruck zu sehen. Selbst dann, wenn das Bild von Engeln bevölkert ist, die sich um Mutter und Kind scharen. Die Engel zeigen dem Betrachter dieser Bilder, dass die Heilige Familie auf ihrer Flucht unter dem Schutz Gottes steht. Jetzt, wo sie sich einen Moment Zeit nehmen, einen Moment die drohende Gefahr vergessen, oder in Josefs Fall fast vergessen, zeigt sich Gott.
So ist es auch in einer anderen Geschichte aus dem Alten Testament. Jakob, der gerade seinen Bruder und seinen Vater betrogen hat, um den väterlichen Segen zu erhalten, muss ebenfalls fliehen. Auf dem Weg in die Fremde, in die ungewisse Zukunft, macht er Rast, so wie Maria und Josef es taten. Und wieder ist dies der Moment, in dem ihm Gott begegnet. Während er schläft,

sieht er eine Leiter, die zum Himmel führt. Engel steigen an ihr hinauf und hinab. Und Gott spricht zu ihm. Er verheißt ihm eine Heimat, viele Nachkommen, seinen Segen und seinen Schutz.
Gott begegnet uns, wenn wir innehalten. Wenn wir unsere Bank in Anspruch nehmen. Die Bank, die für uns bereitsteht, wenn wir uns hinsetzen und für einen Moment die Augen schließen wollen. Es tut gut, wenn wir für kurze Zeit alles um uns herum vergessen, so wie Maria und Jesus es in den Bildern von der Ruhe auf der Flucht nach Ägypten tun. Doch Gott ist auch dann da, wenn wir unsere Sorgen nicht ganz ablegen können. Josef nimmt trotz seiner inneren Anspannung den Frieden und die Stille des Augenblicks wahr. Er spürt, dass ihm die Pause guttut. Wie die Bank unseres Ausruhens genau aussieht und wo sie steht, das weiß jeder und jede von uns für sich selbst am besten. Doch dass sie da ist, ist gewiss: gibt es doch leere Bänke, so weit das Auge reicht.

Praxisidee: Meine Bank

IN DER GRUPPE

1. Die Teilnehmenden überlegen, wie sie kurze Pausen gestalten: „Wie sieht Ihre „Bank“ aus?“
   Beispiele: eine Tasse Kaffee; ein Spaziergang durch den Park; meinen Kindern beim Spielen zusehen …

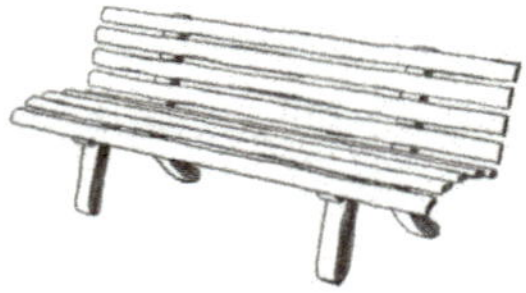

2. Die Teilnehmenden gestalten ihre Bank *(Arbeitsblatt 4: Meine Bank).*
   Dabei sollen die eben gesammelten Begriffe auf die Holzstreben geschrieben und diese bunt angemalt werden.

IM RAHMEN EINES GOTTESDIENSTES ODER IN EINER GRÖSSEREN GRUPPE

Die Teilnehmenden erhalten nach dem Gottesdienst/dem Treffen am Ausgang das DIN-A4-Blatt „Meine Bank“ (vgl. oben 1. u. 2.), um die Gedanken des Gottesdienstes zu Hause zu vertiefen.

Praxisidee: Einen Tagebucheintrag schreiben

IN DER GRUPPE

1. Die Teilnehmenden werden gebeten, zu versuchen, sich in Maria und Josef hineinzuversetzen (Genuss der Pause nach anstrengender Reise, Gedanken an bereits Erlebtes, Sorgen, Hoffnungen …). Hilfreich könnte die Betrachtung eines Bildes des Typus „Ruhe auf der Flucht nach Ägypten“ sein (z.B. von Caravaggio, Mancini, van Dyck, Cranach, Rembrandt, Runge).
2. Die Teilnehmenden sollen einen Tagebucheintrag verfassen: „Was, wenn Maria und/oder Josef während ihrer Reise Tagebuch geführt hätten? Wie würde der heutige Beitrag aussehen?“
3. Wer mag, kann seinen/ihren Tagebucheintrag vorlesen.

IM RAHMEN EINES GOTTESDIENSTES ODER IN EINER GRÖSSEREN GRUPPE

Siehe Punkt 1, dabei können mittels Beamer eines oder mehrere der genannten Bilder gezeigt werden.

13. Das Licht der Laternen

Nacht.
Das Licht der Laternen
wirft unsere Schatten vor uns.
Doch es ist ruhig hier,
friedlich.
Ich fasse deine Hand
und wir gehen weiter,
unter dem Licht der Laternen.

Es ist Nacht geworden. Oder ist es erst Abend? Denn sonst wären Maria und Josef doch nicht noch immer unterwegs! Das Licht der Laternen wirft lange Schatten vor sie. Doch es sorgt auch dafür, dass sie ihren Weg noch gut erkennen können. Die Dunkelheit scheint ihnen keine Angst zu machen. Es ist ruhig und friedlich in dieser Straße. Josef streckt seine Hand zu Maria aus. Gleich wird sie sie ergreifen und sie werden weitergehen. Unter dem Licht der Laternen.

Heute übernehmen Laternen, was früher der Mond und die Sterne für Reisende, die des Nachts unterwegs waren, geleistet haben. In unseren Städten ist es so hell geworden, dass es uns sogar schwerfällt, die Sterne gut zu erkennen. Das war damals anders, als sich die Weisen aus dem Morgenland aufmachten, um einem Stern zu folgen, der neu am Himmel aufgetaucht war. Ihr Sternenhimmel muss von abertausenden Sternen hell erleuchtet gewesen sein. Doch dieser neue Stern überstrahlte alle anderen. Sie nahmen dies als ein Zeichen dafür, dass ein neuer, mächtiger König geboren worden war. Ihre Sehnsucht nach einem gerechten Herrscher muss groß gewesen sein, denn sie traten die lange Reise nach Betlehem an, um diesen König zu sehen.

Ähnlich wie den Weisen ging es auch den Hirten, die in der Heiligen Nacht ihre Herde hüteten. Auch über ihnen erstrahlte der Stern von Betlehem. Einer Legende zufolge soll der Stern einen jungen Hirten dazu inspiriert haben, aus dem Stroh der Krippe einen Strohstern zu basteln und ihn dem Jesuskind zu schenken. Auch hier war die Sehnsucht die treibende Kraft. Die Sehnsucht, dem Neugeborenen ein Geschenk zu machen, wenn auch mit einfachen Mitteln. Vielleicht war es die Strohindustrie, die diese Legende erfand, vielleicht ist sie auch älter. Jedenfalls begannen Unternehmen Ende des 19. Jahrhunderts damit, Strohsterne in industriellen Mengen herzustellen. Nach wie vor sind sie beliebt – die kunstvoll zusammengebundenen Sterne aus goldglänzendem Stroh, die nicht nur zu Hause, sondern auch in vielen Kirchen zu Weihnachten den Baum schmücken.

Im Strohstern verbinden sich der Stern von Betlehem und das Stroh der Krippe zu einem neuen Symbol. Er drückt zum einen die Sehnsucht nach einem neuen „Stern“ am Himmel aus, nach jemandem, der Unrecht in Recht verwandelt, Krieg in Frieden, Armut in Überfluss. Eine Sehnsucht, die zu

jedem Weihnachtsfest wieder in uns laut wird, wenn wir das Kommen Jesu in die Welt feiern. Zum anderen möchte der Stern aus Stroh auf die Freude aufmerksam machen, die wir erfahren, wenn wir einander etwas schenken. Auch das ist eine unserer Sehnsüchte. Wir sehnen uns danach, den Menschen, die wir lieben und schätzen, unsere Zuneigung zeigen zu können. Dabei ist nicht wichtig, wie wertvoll das Geschenk ist. Wichtig ist nur die Freude am Schenken und am Beschenkt-Werden.
Maria und Josef sehnen sich danach, die beschwerliche Reise zu beenden, um danach ganz für ihr Kind da sein zu können. Sie haben, wie auch wir, keinen Stern, dem sie folgen können. Doch an diesem Abend genügt das Licht der Laternen.

Praxisidee: Einen Strohstern basteln

IN DER GRUPPE

Material: Naturstrohhalme, weißer Faden, Schere. Für kompliziertere Sterne: Legeform, Anleitung (im Internet oder von Gemeindegliedern zu erfragen)

Praxisidee: Windlicht „Stern von Betlehem"

IN DER GRUPPE

Material: Vorlage ca. fünfmal *(Arbeitsblatt 5: Windlicht „Stern")*, Tonpapier (weiß oder/und bunt), Transparentpapier (weiß oder/und bunt), Schere, Klebstoff, Glas mit Teelicht

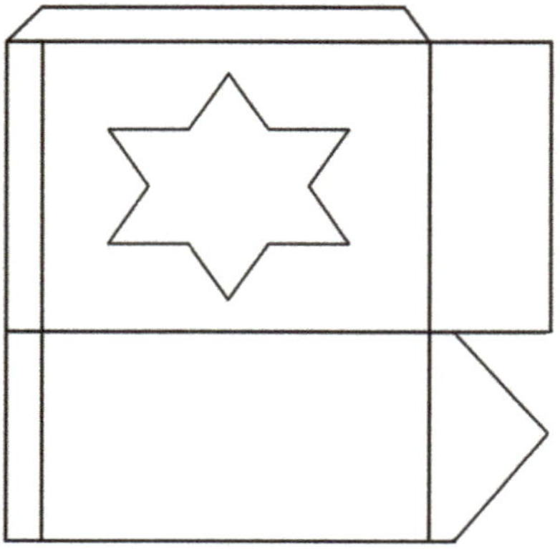

1. Die Teilnehmenden übertragen die Vorlage zweimal auf Tonpapier und schneiden sie aus. Es sollten je nach Gruppengröße ca. 5 Vorlagen vorhanden sein.
2. Der Stern wird mit Transparentpapier hinterklebt.
3. Das Windlicht wird gefaltet und die Teile zusammengeklebt.
4. Ein Teelicht (mit Glas) wird in das Windlicht gestellt.
5. Die Teelichter werden entzündet und das Licht gedimmt. Gemeinsam singen die Teilnehmenden das Lied „Stern über Betlehem" (GL 261; EG 542).

IM RAHMEN EINES GOTTESDIENSTES ODER IN EINER GRÖSSEREN GRUPPE

Jede/r erhält am Ende des Gottesdienstes einen Strohstern.

Alternativ: Wo eine Einzelarbeit evtl. auch mit größeren Kindern möglich ist: Die gebastelten Laternen werden auf die Altarstufen gestellt. Am Ende des Gottesdienstes können sie bei einem gemeinsamen Auszug zum Lied „Stern über Betlehem" (GL 261; in verschiedenen Regionalteilen des EG; EH 193) nach draußen getragen werden.

14. Kalt

Halte mich fest. Ich friere.
Die Kälte steigt in mir hoch.
Ich erkalte. So kalt.
Bitte, halte mich fest.

Wenn es doch nur etwas wärmer wäre! Vor einer kalten Betonwand stehen Maria und Josef im Schnee. Einen kleinen Flecken haben sie freigeräumt, doch nun scheinen sie wie erstarrt, wie eingefroren dazustehen. Die Kälte steigt in ihnen hoch. Josef hat Maria in den Arm genommen, um sie zu wärmen. Ein wenig hilft das.

Wenn wir die beiden doch einfach hochnehmen und in ein anderes Bild setzen könnten! An einen Strand vielleicht, mit Palmen und einem warmen Meer. Oder auch nur in das nächste Café, vor eine große, dampfende Tasse Tee. Damit sie sich aufwärmen könnten und nicht mehr so verloren in der Kälte stehen müssten.

Manchmal haben wir es mit Bedingungen zu tun, die unsere Handlungsmöglichkeiten einschränken. Hier ist es die Kälte, die Maria und Josef am Weitergehen hindert. Im übertragenen Sinne könnte es auch die Kälte sein, die ihnen entgegengebracht wird. Emotionale Kälte, fehlende Anteilnahme, die sie erstarren lässt und ihnen den Mut nimmt. Es könnte auch ihre eigene Mutlosigkeit sein, eine innere Kälte, die sie am Weitergehen hindert.

Wir wissen, wie es ist, wenn uns etwas einschränkt und unser Leben zum Stillstand zu bringen scheint. Das kann das Gefühl sein, nicht erfolgreich genug zu sein und nie den Ansprüchen zu genügen, die wir oder andere an uns stellen. Sehen wir unser Leben unter diesem Vorzeichen, dann ist nie etwas gut genug. Das kann die Mauer sein, die wir um uns aufgebaut haben, um unseren weichen Kern vor Verletzungen zu schützen. Eine Mauer, die uns aber nach außen hin kalt und hart erscheinen lässt. Leben wir unser Leben so, dann ist es fast unmöglich, einem anderen Menschen wirklich nahe zu kommen. Wenn wir so streng mit uns selbst umgehen, dann kann es uns schwerfallen, zu glauben, dass Gott es gut mit uns meinen könnte, dass er uns so haben will, wie wir sind. Wäre es nicht wunderbar, wenn wir etwas an dem ändern könnten, was uns klein und unglücklich macht? Wenn wir uns in ein anderes Bild von uns und unseren Möglichkeiten hineinsetzen könnten? Wenn etwas, das uns kalt macht, erwärmt werden könnte?

In der Psychologie gibt es die Methode des Reframing, der Umdeutung. Sie soll Menschen ermöglichen, aktiv zu werden, statt passiv zu verharren. Menschen sollen befähigt werden, die Umstände zu gestalten und sich nicht von ihnen gestalten zu lassen. Dies geschieht durch eine neue Sicht auf die Dinge, durch die wir unsere Grenzen und unsere Möglichkeiten besser in den Blick bekommen. Gegebene Umstände können so neue Bedeutungen erhalten, oder unsere Gedanken darüber können sich verändern. Wenn ich mir zum Beispiel immer wieder sage: „Das kannst du nicht“, „Das ist nicht genug“, „Das traue ich mich nicht“, dann könnten schon die kleinen Wörtchen „noch“ und „erst einmal“ eine Erleichterung sein. Denn dann lauten die Sätze: „Dass kann ich *noch* nicht“, „Das genügt *erst einmal*“, und „Das traue ich mich *noch* nicht“. Schon diese kleine Veränderung wirkt beruhigend und kann es uns etwas wärmer ums Herz werden lassen. Wenn wir erst einmal anfangen, aufzutauen, etwas liebevoller und wärmer mit uns umzugehen, dann ist schon der erste Schnee getaut. Dann ist der erste Schritt getan. Dann wird es auch wieder leichter, daran zu glauben, dass Gott uns nicht in der Kälte stehen lässt, sondern uns halten und wärmen will.

Praxisidee: Neue Rahmenbedingungen

IN DER GRUPPE

Material: Foto als Kopie *(Arbeitsblatt 15 = Bild 14 zum Downloaden)* Scheren, Klebstoff, Zeitschriften, Kalenderblätter usw. für eine Collage

Die Figuren werden aus der kalten Landschaft hinaus in eine andere versetzt.

1. Die Teilnehmenden schneiden die Figuren aus der Kopie des Fotos aus.
2. Die Teilnehmenden entwerfen mit der Technik der Collage einen neuen Hintergrund für die Figuren.
3. Die Figuren werden in die neue Landschaft eingeklebt.
4. Austausch.

IM RAHMEN EINES GOTTESDIENSTES ODER IN EINER GRÖSSEREN GRUPPE

Wo möglich: Einzelarbeit mit anschließender Präsentation der Bilder im Gottesdienst oder in einem der folgenden Gottesdienste/gemeinsamen Treffen.

15. Winterpause

Winterpause
Zeit
zum Ausruhen
zum Kraftschöpfen
Und nach der Pause –
Weitergehen

Winterpause. Die Eisdiele hat geschlossen. Tische, Stühle und der Sonnenschirm stehen zusammengeschoben auf dem kleinen Platz. Mit einer dünnen Schneeschicht bedeckt warten sie auf ihren erneuten Einsatz im Frühling. Maria und Josef haben diesen Ort gewählt, um eine Pause einzulegen. Maria scheint erschöpft zu sein. Vornübergelehnt stützt sie sich an einem Stuhlbein. Josef hat fürsorglich den Arm um sie gelegt. Maria braucht Zeit zum Ausruhen. Sie muss anhalten, um wieder Kraft zu schöpfen. Eine richtige Winterpause kann sie nicht einlegen, so wie die Inhaber des Geschäfts, die wahrscheinlich in den wärmeren Süden aufgebrochen sind. Eine kurze Verschnaufpause muss ausreichen. Dann werden sie weitergehen.

Im Winter legt die Natur in unseren Breitengraden eine Pause ein. Viele Tiere halten Winterschlaf. Pflanzen werfen ihre Blätter und Früchte ab und sammeln Kraft für den Frühling. Die Jahreszeiten bestimmen den Zyklus der Natur. Und auch wir lassen es im Winter meist ruhiger angehen. Wenn die Tage kürzer sind, wenn uns der Lichtmangel auf das Gemüt drückt, wenn es draußen kalt ist, dann ziehen wir uns gerne in die eigenen vier Wände zurück und machen es uns gemütlich. Wenn dann der Frühling seine ersten Boten schickt – Schneeglöckchen und Krokusse im Garten, zarte Knospen an Büschen und Bäumen –, dann spüren wir, wie uns neue Energie durchströmt. Wir freuen uns darüber, dass die dunkle Jahreszeit dem Ende zugeht. Jede Jahreszeit lässt sich bewusst durchleben und kann uns anregen. Im Frühling könnten wir uns fragen, was wir in unserem Leben Neues entdecken und ausprobieren können. Im Sommer, wenn alles in voller Blüte steht, könnten wir darüber nachdenken, was uns ausmacht, wenn wir „in voller Blüte stehen“, also im Vollbesitz unserer Kräfte sind. Und auch darüber, was wir brauchen, um ganz wir selbst, um ganz mit uns im Reinen zu sein. Im Herbst stellen sich andere Fragen, nachdenklichere: Was möchten wir gerne abwerfen? Wovon möchten oder sollten wir uns lösen? Wie können wir unser Leben von unnötigem Balast befreien? Und im Winter könnte es schließlich darum gehen, zu überlegen, wie wir unsere „Winterpause“ nutzen. Wofür brauchen wir neue Kräfte und was können wir tun, damit sie im Frühling da sind?

Es ist beruhigend, dass der Kreislauf der Natur sich stets wiederholt. Jedes Jahr beginnt er von Neuem. Im 1. Buch Mose, dem Buch Genesis, Kap. 8, Vers 22 heißt es: „So lange die Erde besteht, sollen nicht aufhören Aussaat und Ernte, Kälte und Hitze, Sommer und Winter, Tag und Nacht." Diese Zusage gibt uns Gott, der Schöpfer des Himmels und der Erde. Immer wieder Neubeginn im Frühling, Blüte im Sommer, Loslassen im Herbst und Pause im Winter.

Praxisidee: Jahreszeiten

IN DER GRUPPE

Material: Arbeitsblatt „Jahreszeiten“ *(Arbeitsblatt 6: Jahreszeiten)*

Die Teilnehmenden übertragen den jahreszeitlichen Zyklus des Baumes auf ihr Leben.

Herbst:	Der Baum wirft seine Blätter ab. Was möchte ich gerne abwerfen? Wovon möchte/sollte ich mich lösen?
Winter:	Der Baum ruht und sammelt Kräfte für den Frühling. Nutze ich meine „Winterpause“? Wofür brauche ich neue Kräfte?
Frühling:	Der Baum lässt neue Blätter und Blüten sprossen. Entdecke und/oder probiere ich Neues in meinem Leben?
Sommer:	Der Baum steht in voller Blüte. Was macht mich aus, wenn ich in „voller Blüte stehe“? Was brauche ich dazu?

IM RAHMEN EINES GOTTESDIENSTES ODER IN EINER GRÖSSEREN GRUPPE

1. Meditative Musik einspielen (evtl. Teile von Haydn – Jahreszeiten oder Vivaldi – Vier Jahreszeiten)
2. Arbeitsblätter austeilen und bearbeiten lassen. Falls dies während des Gottesdienstes nicht möglich ist, können sie vor Ort zunächst als „Nachdenkhilfe“ dienen und ggf. zu Hause noch ausgefüllt werden.

16. Der Weg ist frei

Der Weg vor mir ist frei.
Frei. Ich kann es sehen.
Der Weg vor mir ist sicher.
Sicher. Ich kann ihn gehen.

Bereitet dem Herrn den Weg;
denn siehe, der Herr kommt gewaltig.

JESAJA 40,3.10, LUTHERÜBERSETZUNG

Maria und Josef stehen an einem Zebrastreifen. Wo sonst die Überquerung der Straße schwierig war, ist sie hier erleichtert. Der Weg ist frei und sicher. Der Weg ist sozusagen bereitet, so dass man ihn sicher gehen kann. Von der Bereitung des Weges spricht auch ein Wochenspruch im Advent: „Bereitet dem Herrn den Weg; denn siehe, der Herr kommt gewaltig". Dieser Vers steht im 40. Kapitel des Jesajabuches. Jesaja spricht von der Ankunft Gottes in der Welt. Alle Täler sollen erhöht und alle Berge und Hügel sollen erniedrigt werden, damit nichts sein Kommen behindert.
In der christlichen Interpretation des Alten Testaments verheißt Jesaja in diesen Versen das Kommen Jesu Christi in die Welt. Der Wochenspruch möchte uns dazu aufrufen, zu prüfen, ob unsere Wege frei für das Kommen Jesu sind. Was gibt es in uns, das noch zu tief ist, das den Weg uneben macht? Welche Hindernisse verstellen den Weg? Vielleicht spüren wir das Kommen Gottes in unser Leben nur dann, wenn es groß, erhaben und majestätisch daherkommt. Wir bauen so hohe Erwartungen, so hohe Berge auf, dass wir Gott nur dann sehen, wenn er alles übertrifft, was wir uns vorstellen können. Wir erwarten von Gott, dass er uns mit seiner Größe und Macht überzeugt. So wie es auch die Menschen in biblischen Zeiten erwartet haben, als ihnen ein großer König versprochen wurde. Und dann kam er als hilfloses Kind in die Welt.
Vielleicht sind aber auch die Täler in unserem Lebensweg zu tief. So tief, dass Gott über uns hinwegzugehen scheint, ohne dass wir ihn spüren. In Lebenskrisen, am tiefsten Punkt angekommen, ist es schwer, den Blick zu heben, geschweige denn aus der Grube hinauszuklettern. Wir fragen, weshalb Gott uns nicht hinaushilft, weshalb er uns nicht zu sehen scheint.
Was, wenn wir es nicht schaffen, dem Herrn den Weg zu uns zu bereiten? Jesaja spricht davon, dass der Herr gewaltig kommt. In den nächsten Versen erklärt er, was das bedeutet. Die Gewalt Gottes besteht darin, dass er sich allen Menschen offenbaren wird. Er erreicht jeden und jede, ganz gleich, wie

gut der Weg bereitet ist. Manche werden es wohl leichter haben, ihn zu erkennen, manche schwerer. Doch Gottes Wille steht fest: Er möchte uns alle gewinnen, er möchte uns alle zu einem Teil von sich machen. Auch das verheißt uns Jesaja: „Wie ein Hirt führt er seine Herde zur Weide, er sammelt sie mit starker Hand. Die Lämmer trägt er auf dem Arm, die Mutterschafe führt er behutsam." (Jes 40,11)

Praxisidee: Pilgerschritt

IN DER GRUPPE ODER IM RAHMEN EINES GOTTESDIENSTES

1. Die Teilnehmenden lernen den Pilgerschritt kennen (zwei Schritte vor, einen Schritt zurück, zwei Schritte vor, einen Schritt zurück ...). Der Pilgerschritt soll symbolisieren und sinnlich erfahrbar machen, dass es im Leben nicht immer nur vorwärtsgeht, sondern immer wieder Rückschritte zu verarbeiten sind und es Pausen auf dem Weg geben muss.
2. Bei meditativer Musik schreiten die Teilnehmenden im Pilgerschritt durch den Raum.
3. Wie können die Erfahrungen beim Pilgerschritt und die Vorstellung vom Weg Gottes in der Welt zusammengebracht werden?
   Mögliche Fragen: Wie kommt Gott in die Welt? Im „Pilgerschritt" oder ganz anders? Wie kann ich Gott den Weg bereiten?

Praxisidee: Schreibgespräch

IN DER GRUPPE

Die Teilnehmenden sollen ein Schreibgespräch zum Thema „Dem Herrn den Weg bereiten" führen. Auf drei Tischgruppen liegen Papierbögen (DIN A2) aus, auf denen Fragen, Themen, Aussagen oder Impulse notiert sind.

Beispiele: Wie bereite ich dem Herrn den Weg? Der Herr kommt *gewaltig!*
Ist der Weg in der Welt frei für Gott? Bin ich bereit für das Kommen des Herrn?

1. Die Teilnehmenden sollen auf den Plakaten kurze Kommentare und Stellungnahmen verfassen. Die anderen Teilnehmenden lesen die Beiträge und können darauf reagieren, indem sie erwidern, einen Aspekt hinzufügen, Fragen stellen oder verschiedene Aussagen mit Pfeilen verbinden. Sprechen ist in dieser Phase nicht erlaubt.
2. Wenn nur noch wenige oder gar keine Teilnehmenden mehr schreiben, endet das Schreibgespräch. Im Anschluss kann über die Ergebnisse diskutiert werden.

17. Spürst du es schon?

Spürst du es schon?
Es bricht etwas an.
In den leeren Straßen
tauchen Herzen auf.

Es sieht so aus, als hätten Maria und Josef wieder einmal Glück gehabt. Sie haben, wie schon einmal auf ihrem langen Weg, die kleinen Herzen am Straßenrand entdeckt. Und wieder ist ihre Freude groß, dass sie in den leeren, vom Schnee bestäubten Straßen etwas entdeckt haben, das ihnen neuen Mut macht.

Drei Herzen sind an die schmale Säule gemalt worden. Drei Herzen, die uns daran erinnern, dass bald Weihnachten ist. Das Fest der Liebe. Zu keiner anderen Zeit spenden wir so viel wie in dieser, machen wir uns so viel Gedanken darüber, was wir einander schenken können, wie wir einander eine Freude bereiten können. Zu keiner anderen Zeit sind wir so bereit, uns zu versöhnen, können alte Verletzungen so gut heilen. Und zu keiner anderen Zeit sind unsere Herzen so offen für Gottes Zeichen und Wunder.

Im 2. Brief an die Korinther benutzt der Apostel Paulus das Symbol des Herzens auf eine ganz ungewohnte Weise. Er vergleicht die Menschen der Gemeinde in Korinth mit einem Brief, der nicht auf einem Blatt Papier geschrieben wurde, sondern direkt ins Herz hinein. Dieser „Herzensbrief" wird nun von allen Menschen erkannt und gelesen, die ihnen begegnen. Denn das, was ihnen ins Herz geschrieben wurde, wird nach außen hin durch ihre Taten und Worte sichtbar. Es ist fast so, als seien die Worte des Briefes eine Art Programm, dem die Herzen der Menschen, die an Jesus glauben, nun folgen. Ich könnte mir vorstellen, dass in diesem Programm das wichtigste Gebot Gottes an uns Menschen stehen würde, das Gebot der Liebe: „Du sollst Gott lieben von ganzem Herzen, von ganzer Seele und von ganzem Gemüt und deinen Nächsten wie dich selbst". Ich denke auch, dass in jedem Herzensbrief das Versprechen Gottes an uns Menschen stände: „Fürchte dich nicht, denn ich habe dich erlöst; ich habe dich bei deinem Namen gerufen; du bist mein." Darin wären wohl alle Briefe gleich. Doch es gäbe auch Unterschiede. Gottes Zusagen und Gebote erreichen uns in unserer je unterschiedlichen Lebensgeschichte. Jeder von uns hat besondere Gaben und eine einzigartige Persönlichkeit. Deshalb werden sich auch unsere Worte und Taten voneinander unterscheiden, wenn sie auch alle von derselben Zuversicht und von derselben Motivation gespeist werden.

Gott hat sich in unsere Herzen eingeschrieben. Wie mit einem Brief, der an uns ganz persönlich adressiert ist. Jetzt im Advent und zu Weihnachten kann man diesen Brief besonders gut lesen. Zu keiner anderen Zeit tragen wir das, was in unseren Herzen ist, so offen vor uns her. Das spüren auch Maria und Josef auf ihrem Weg. Und das können auch wir spüren:

Spürst du es schon?
Es bricht etwas an.
In den leeren Straßen
tauchen Herzen auf.

Praxisidee: Standbild

IN DER GRUPPE

1. Die Teilnehmenden überlegen, auf welche Weise „Herzen in den leeren Straßen auftauchen".
   Beispiele: Menschen sind in der Advents- und Weihnachtszeit freundlicher zueinander. – Die Spendenbereitschaft nimmt zu.
2. Die Teilnehmenden kommen in Gruppen zusammen. Je nach Größe der Gruppe werden Zweier- oder Dreiergruppen gebildet. Die Gruppen wählen ein Beispiel (z.B. einen der obigen Gedanken) aus und überlegen sich, wie sich der Gedanke als Standbild darstellen lässt.
3. Die Gruppen stellen einander die Standbilder vor. Bei jeder Vorstellung ist zuerst Zeit, sich das Standbild von allen Seiten zu betrachten. Dann äußern die Zuschauer/innen ihre Gedanken. Zuletzt nimmt die vorführende Gruppe dazu Stellung.

Praxisidee: Herzensbriefe

IN DER GRUPPE

Material: Vorlage „Herzensbrief" *(Arbeitsblatt 7: Herzensbrief)* auf buntes Papier kopiert; Stifte in ausreichender Anzahl.

Am Valentinstag gibt es besonders in den USA den Brauch, einander Valentinskarten zu schicken. Diese Karten sind meistens über und über mit Herzen verziert. In Schulen wird besonders darauf geachtet, dass alle Schüler/innen jedem und jeder Klassenkamerad/in eine Karte schreiben, damit niemand bevor- oder benachteiligt wird.

1. Die Teilnehmenden sollen einander kleine „Herzenskarten" schreiben. Jede/r schreibt für jeden eine Karte. Die Karten sind vom Format her klein, damit der Aufwand nicht zu groß ist.
2. Die Karten werden verteilt, indem die Teilnehmenden nacheinander herumgehen und die Karten überreichen.

IM RAHMEN EINES GOTTESDIENSTES ODER IN EINER GRÖSSEREN GRUPPE

Jede/r Gottesdienstteilnehmer/in schreibt eine Karte. Die Karten werden gemischt und am Ausgang verteilt.

18. Kaffeepause

Zeit zum Innehalten.
Eine dampfende Tasse Kaffee genießen.
Sich gemütlich zurücklehnen. Abschalten.
Die Welt dreht sich auch ohne uns weiter.
Einander in den Arm nehmen.
Reden. Schweigen.
Da sein.

Endlich mal richtig Pause! Trotz der vielen Sorgen, der Eile und Anstrengung gönnen sich Maria und Josef eine Auszeit. In dieser schönen Umgebung, mit einer heißen Tasse Cappuccino und einem großen Zuckerstreuer können sie sich das Leben einmal richtig versüßen und sich gemütlich zurücklehnen. Einfach mal abschalten und an nichts denken. Nicht an die Verantwortung, nicht an all die Dinge, die noch zu erledigen wären … Oft sind wir überrascht, dass sich die Welt auch ohne uns weiterdreht, dass nicht gleich alles zusammenbricht, wenn wir uns einmal Zeit für uns nehmen. Einander in den Arm nehmen, reden, schweigen, da sein … – was für ein Luxus.
Maria und Josef haben sich dieses Café für ihre Pause ausgesucht. Vielleicht hat ihnen der Kronleuchter am Eingang gefallen. Oder dass es sich hier Mütter mit ihren kleinen Kindern zum Kaffeeklatsch gemütlich gemacht haben und dadurch eine lockere, lebendige Stimmung entstanden ist. Oder die großen Zuckerstreuer haben den Ausschlag gegeben. Einfach unwiderstehlich. Wir haben ja auch unsere Vorlieben, wo wir uns gerne aufhalten. Wie würde Ihr Wunschcafé aussehen? Wo würden Sie sich am wohlsten fühlen? In einem Café, das so ähnlich ist wie das, in dem Maria und Josef sitzen? Oder fänden Sie es noch schöner, wenn es in einem Buchladen wäre und Sie sich ein Buch mit an den Tisch nehmen könnten? Es gibt auch Blumencafés, in denen es wunderbar duftet und man alle möglichen Pflanzen und Kleinigkeiten betrachten und kaufen kann. Oder Teehäuser, in denen man bei einem Kännchen Tee die Gedanken schweifen lassen kann. Orte, an denen wir uns wohlfühlen, machen es uns leicht, abzuschalten und innezuhalten.
In vielen Gemeinden gibt es nachmittags Angebote zum Kaffeetrinken. Es sind über die Jahre zusammengewachsene Gruppen, die sich hier treffen. Gesprächsstoff und Zeit zum Reden gibt es immer genug. Oft wird nach dem gemeinsamen Kaffeetrinken noch ein Vortrag angeboten, etwas fürs Herz oder fürs Hirn. Leider werden diese Gruppen immer älter und der Nachwuchs fehlt. Vielleicht ist diese Form des Zusammenkommens nicht mehr zeitgemäß. Das macht besonders die Frauen und Männer traurig, die beim kirchlichen Nachmittagscafé viele gute Erfahrungen gemacht haben. Sie machen sich Sorgen, wo Gemeindeleben in Zukunft stattfinden wird. Es müssen neue Ideen und Formen entwickelt werden, um auch jüngeren Menschen die

Möglichkeit und den Raum zu geben, zusammenzukommen. Und das funktioniert. Da werden bestimmte Zielgruppen angesprochen und Angebote gemacht, die genau auf ihre Interessen und Fragen zugeschnitten sind. Da gibt es Veranstaltungen für Kinder, bei denen die Eltern die Gelegenheit haben, sich in gemütlichem und zwanglosem Rahmen auszutauschen. Es gibt auch Angebote für Exerzitien im Alltag und Meditationsgruppen. Kirchengemeinden können Menschen ermöglichen, Zeit zum Innehalten zu finden. Einen Ort, an dem sie sich wohlfühlen und Zeit für sich und ihre Beziehungen haben … und die Welt sich für einen Augenblick ohne sie dreht.

Praxisidee: Es sich gemütlich machen

IN DER GRUPPE

Für die Teilnehmenden wird ein gemütliches Kaffeetrinken vorbereitet. (Für Jugendliche/Kinder bietet es sich an, stattdessen gemeinsam Plätzchen zu backen und diese anschließend bei einem heißen Getränk und Musik gleich zu essen.)

Es sollte Zeit für Gespräche untereinander geben.

Praxisidee: Mein Wunschcafé

Die Teilnehmenden erhalten den Grundriss eines Raumes, in den sie hineinzeichnen, wie ihr Wunschcafé aussehen müsste *(Arbeitsblatt 8: Mein Wunschcafé).*

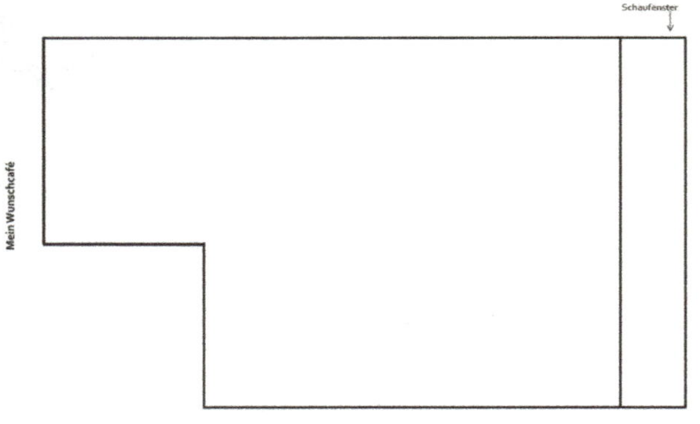

IN DER GRUPPE

Beispiele: Blumencafé, Büchercafé, Teehaus …

IM RAHMEN EINES GOTTESDIENSTES ODER IN EINER GRÖSSEREN GRUPPE

Im Anschluss an den Gottesdienst/die Gruppenarbeit wird zu einer „gemütlichen Kaffeepause" eingeladen.

Es liegen eine Reihe von Kopien *(Arbeitsblatt 8: Mein Wunschcafé)* aus. Wer möchte, kann sein Wunschcafé gestalten.

Im nächsten Gottesdienst/bei der nächsten Gruppenarbeit können die Ideen präsentiert werden.

19. Du wachst über mir

Du hältst Wache über mir.
Ich darf einschlafen. Nicht mehr wachsam sein.
Wehrlos werden. Der Müdigkeit nachgeben. Schlafen.
Du wachst über mich.

Sie haben sich schlafen gelegt. Unter einer Bank. Auf dem kalten Boden. Nur eine dünne Decke und Marias Schleier bieten ihnen Schutz. Und doch sind sie eingeschlafen. Sie sehen beinahe friedlich aus, als ob sie einen schönen Traum haben. Vielleicht hat ihnen ihr Glaube, dass Gott über sie wacht und sie behütet, dabei geholfen. Vielleicht hatten sie vor dem Einschlafen die Worte aus Psalm 121 im Ohr oder sie haben den kurzen Psalm gemeinsam gebetet: „Der *Herr*, der dich behütet, schläft nicht. Siehe, der Hüter Israels schläft und schlummert nicht. Der Herr behütet dich; der *Herr* ist dein Schatten über deiner rechten Hand, dass dich des Tages die Sonne nicht steche noch der Mond des Nachts. Der *Herr* behüte dich vor allem Übel, er behüte deine Seele."

Viele Menschen sprechen abends noch ein Abendgebet. Ob als Eltern mit ihren Kindern oder alleine für sich. Das Gebet tut beiden, Kindern und Erwachsenen, gut, weil es dabei hilft, zur Ruhe zu kommen und den Tag abzuschließen. Uns fällt das Einschlafen schwer, wenn der Kopf noch mit den Eindrücken des Tages voll ist, wenn der Körper sich noch nicht richtig entspannen konnte und wir noch unter Strom stehen. Da hilft es, den Tag noch einmal Revue passieren zu lassen. Aber nicht so, dass jetzt die letzte Bewertung vorgenommen wird, im Sinne von: „Was ist gelungen? Was ist misslungen?" Das haben wir den Tag über schon allzu oft getan. Sondern so, dass wir ohne Wertung die Ereignisse und Gedanken des Tages an uns vorbeiziehen lassen. Dass wir die Gelegenheit haben, laut auszusprechen, was wichtig war und uns beschäftigt hat, um es dann bei Gott aufgehoben zu wissen. Wenn wir wollen, können wir es am nächsten Morgen wieder bei ihm abholen. Beim Abendgebet merken wir oft erst, was alles gut an einem Tag war. Vielleicht war es uns, während es geschehen ist, gar nicht aufgefallen und kommt erst jetzt, in der Ruhe der Nacht, wieder zum Vorschein.

So wie ursprünglich alle Psalmen, wird auch der Psalm, den Maria und Josef am Abend gebetet haben könnten, nicht gesprochen, sondern gesungen worden sein. Leider wissen wir nicht mehr, wie die Melodien geklungen haben, doch ihre Namen sind uns noch bekannt: zu singen nach der Weise der „Lilien" etwa, oder nach der Weise „Jugend". Auch die Begleitung durch Instrumente oder einen Reigentanz wird erwähnt. Wenn wir heute Abendlieder singen, dann stehen wir folglich in einer langen Tradition gesungener Gebete.

Maria und Josef werden an diesem Abend unter der Parkbank gegen ihre Ängste angesungen haben. Schutzlos im Freien schlafen müssen wir nicht, doch gerade am Abend können dunkle Gedanken, Sorgen und Verzweiflung aufkommen. Musik, eine ruhige Melodie, lindert unsere Angst und stärkt unser Vertrauen. Martin Luther schrieb einst: „Die Musik ist die beste Gottesgabe. Durch sie werden viele und große Anfechtungen verjagt. Musik ist der beste Trost für einen verstörten Menschen, auch wenn er nur wenig zu singen vermag." Musik, ein Abendgebet, ein Lied, mehr brauchen Maria und Josef nicht, um in dieser Nacht ruhig zu schlafen. Sie wissen, der Hüter Israels schläft und schlummert nicht, sondern hält über ihnen die Wacht.

Praxisidee: Theologisches Gespräch zu „... der Hüter Israels schläft und schlummert nicht“

1. Die Teilnehmenden erhalten eine Kopie von Psalm 121. Die Verse 3 und 4 sind fett markiert (3. Er wird deinen Fuß nicht gleiten lassen, und der dich behütet, schläft nicht. 4. Siehe, der Hüter Israels schläft und schlummert nicht).
2. Die Leitung leitet die Teilnehmenden zu einem theologischen Gespräch an.

   Mögliche Stichworte: Theodizeefrage („Wieso lässt Gott das Leid in der Welt zu?“), der Konflikt in Israel/Palästina, Deus absconditus („Wo ist Gott, wenn ich ihn am meisten brauche?“; „Wo war Gott, als mich Unglück traf?“), Gottesbilder (Hirte, Wächter ...).

Praxisidee: Eine Klappkarte mit Abendgebet gestalten

IN DER GRUPPE

Material: Auswahl an Abendgebeten (bereits zugeschnitten) *(Arbeitsblatt 9: Abendgebete)* und Ausdruck von Ps 4,9, Tonpapier, Klebstoff, Stifte, Dekorationsmaterial

1. Die Teilnehmenden gestalten eine Klappkarte. Dazu suchen sie sich ein Abendgebet aus. Das Abendgebet und Psalm 4,9: „Ich liege und schlafe ganz mit Frieden; denn allein du, *Herr,* hilfst mir, dass ich sicher wohne.“ (Lutherübersetzung) oder „In Frieden leg ich mich nieder und schlafe ein; denn du allein, Herr, lässt mich sorglos ruhen.“ (Einheitsübersetzung) können entweder in die Karte geklebt oder abgeschrieben werden. Die Karte wird zusätzlich mit Dekorationsmaterial verziert.
2. Lied: Ich liege, Herr, in deiner Hut (GL 99; EG 486)

IM RAHMEN EINES GOTTESDIENSTES ODER IN EINER GRÖSSEREN GRUPPE

Jeder erhält ein schön gestaltetes Blatt mit einem Abendgebet oder einer kleinen Auswahl an Gebeten und das Adventsbild 19 *(Arbeitsblatt 16 zum Downloaden).*

20. Ich sehe sie schon

Ich sehe sie schon. Sie liegen vor mir.
Meine Wünsche. Meine Ziele. Meine Hoffnung.
Meine Träume. Mein Glück.
Ganz nahe und doch so weit weg.
Trotzdem.
Ich strecke die Hand aus.
Vielleicht kommen sie auf mich zu.

Hinter Gittern! Erneut hat sich Josef und Maria ein Hindernis in den Weg gestellt. Es wirkt fast so, als säßen sie in der Falle, als hätte man sie in ein Gefängnis gesperrt.

Wenn ich das Foto so betrachte, dann erinnern mich die beiden an eine andere biblische Figur: an Josef. An Josef, der eine lange Zeit unschuldig im Gefängnis verbringen musste, nachdem ihn seine Brüder als Sklaven nach Ägypten verkauft hatten und er am Hofe des reichen Potifar in Ungnade gefallen war. Überraschenderweise geht es Josef im Gefängnis nicht so schlecht, wie man annehmen könnte: In der Bibel lesen wir: „der *Herr* war mit Josef und neigte die Herzen zu ihm und ließ ihn Gnade finden vor dem Amtmann über das Gefängnis ... der *Herr* war mit Josef, und was er tat, dazu gab der *Herr* Glück.“ (Genesis 39,21.23b, Lutherübersetzung). Ist Josef einfach nur ein Glückspilz, dem Gott alles zufliegen lässt? So wie an Potifars Hof, wo er sich wundersam schnell hocharbeiten und sich Achtung und eine verantwortungsvolle Position erwerben konnte? Oder später, als es Josef gelingen wird, die Träume des Pharaos zu deuten und nach dem Pharao zum mächtigsten Mann Ägyptens zu werden? Immer wieder schafft es Josef, dass ihm alle Dinge zum Besten dienen. Ist er also einfach ein von Gott Gesegneter, dessen Leben gar nicht scheitern kann? Oder hat Josef auch selbst viel zu seinem Erfolg beigetragen? Hat sein Erfolg etwa damit zu tun, dass er selbst in den allertiefsten Krisen noch immer an seinem Glauben festhielt, dass er weiterhin seine Wünsche, Ziele, Hoffnungen und Träume direkt vor sich liegen sah?

Auch Maria und Josef strecken ihre Hände durch die Gitterstäbe aus – als läge all das, was sie sich ersehnen, zum Greifen nahe vor ihnen. Als wüssten sie mit absoluter Gewissheit, dass ihre Gebete und Wünsche erhört werden. Maria und Josef scheinen von demselben Vertrauen getragen zu werden wie Josef. Und auch in ihrer Geschichte wird sich zeigen, dass sich ihr Vertrauen lohnt und ihre Hände gefüllt werden.

Werden Gebete erhört? „Lohnt“ sich Glaube? Kommen meine Wünsche, Ziele, Hoffnungen, Träume, mein Glück auf mich zu, wenn ich die Hand ausstrecke und warte, oder sollte ich aktiv etwas tun, um sie zu verfolgen?

Wenn wir Josefs Beispiel folgen, dann gehört beides dazu: die Geduld und der eigene Beitrag. Selbst etwas zu tun, erleichtert auch das Warten. Im Tun erfahren wir, wie Gott Gutes in und durch uns wirkt. Ich hoffe, dass wir einmal im Rückblick auf unser Leben mit Josef sagen können: Vieles und viele meinten es böse mit mir, aber Gott gedachte mein Leben gut zu machen, weil er ein tröstender, freundlicher Gott ist, ein Gott des Lebens.

Praxisidee: Ein Kurzfilm dient als Diskussionsgrundlage

Es gibt verschiedene Filme, die sich mit dem Tagesthema beschäftigen. Außer den beiden unten ausführlicher vorgestellten z.B. auch die Filme „Fast ein Gebet" und „Am seidenen Faden". Es gibt in jeder Landeskirche und in allen Bistümern Medienläden, die kostengünstig Filme verleihen. Auf dieser Seite wird man auf die jeweiligen Sites weitergeleitet: https://www.medienzentralen.de/auth)

VORSCHLAG 1: GOD@HEAVEN

Inhalt: Ein kleiner Junge beobachtet einen Mann, der auf Handzetteln Gottes E-Mail-Adresse austeilt. Gegen Bezahlung wird eine Verbindung zum Himmel angeboten. Zu Hause probiert der Junge die Verbindung aus: Er fragt Gott, wie er denn sicher sein könne, dass es ihn wirklich gäbe. Seine Frage wird an eine Jerusalemer Adresse geleitet und landet auf dem Schreibtisch eines jungen Mannes. Der bringt sie auf einem kleinen Zettel zur dortigen Klagemauer – und so lässt die Antwort auf sich warten. Der Junge wird langsam mutlos. Doch eines Tages schreibt Gott zurück. Die Antwort lautet: „Ich bin da!"

Frage an die Teilnehmenden: Werden Gebete erhört? „Lohnt" sich Glaube? Wie teilt sich Gott mit? Kommen meine Wünsche, Ziele, Hoffnungen, Träume, mein Glück auf mich zu, wenn ich die Hand ausstrecke?

2. VORSCHLAG: BOB

Inhalt: Ein Hamster bemüht sich vergeblich, mit seinem Hamsterrad ein Weibchen einzuholen, das ebenfalls in einem Hamsterrad unterwegs ist. Vorbei geht es im Wettlauf an Pisa, Venedig, der Akropolis und dem Eiffelturm bis nach Japan. Endlich am Ziel muss der Hamster jedoch feststellen, dass er sich geirrt hat. Die fernen Länder sind in Wirklichkeit nur Diaprojektionen und Hamster 2 – ein Männchen: Bob.

Frage an die Teilnehmenden: Welche Ziele lohnt es sich anzustreben? Wie sind sie zu erreichen? Ist es besser, zu warten oder sie aktiv zu verfolgen?

21. Warten

Noch warten wir.
Bald sind wir am Ziel.
Noch sind wir angespannt.
Bald wird sich die Spannung lösen.
Noch sind wir unruhig.
Bald wird sich alles beruhigen.
Noch warten wir.
Bald sind wir am Ziel.

Maria und Josef müssen warten. Und das, obwohl Anspannung und Unruhe in ihnen wachsen. Sie müssen ihr Ziel erreichen, denn Maria wird bald ihr Kind bekommen. Doch die Bahn, die sie schneller als bisher voranbringen soll, lässt auf sich warten.
Warten fällt uns besonders dann schwer, wenn wir es eilig haben, wenn wir unter Druck stehen, wenn wir erwartet werden und die Zeit drängt. Paradoxerweise kommt uns die Wartezeit in diesen Fällen besonders lang vor. Ähnlich geht es uns, wenn wir uns auf etwas freuen, wenn wir etwas gar nicht erwarten können, so wie Kinder den Heiligen Abend. Die Zeit des Wartens kann sich also sehr unterschiedlich anfühlen, je nachdem worauf wir warten und wie gelassen oder angespannt wir dies tun.
Warten gehört zu unserem Leben. Wir haben Erwartungen an unsere Zukunft, Wünsche und Sehnsüchte, auf deren Erfüllung wir hinarbeiten oder von denen wir hoffen, dass sie uns erfüllt werden. Wir fassen Ziele ins Auge und steuern darauf zu. Während wir noch in der Gegenwart leben, eilen unsere Erwartungen bereits in die Zukunft voraus. Wir fassen heute Ziele ins Auge, die sich morgen erfüllen sollen. Zwar können wir noch nicht sehen, was sein wird, aber wir machen uns eine Vorstellung von dem, was kommen soll. Dazwischen, zwischen Gegenwart und erhoffter Zukunft, liegt die Zeit des Wartens.
Diese Zeit ertragen wir Menschen unterschiedlich gut. Die einen sind geduldig, die anderen erfasst eine innere Unruhe. Die einen lassen sich nicht von ihrem Ziel abbringen, die anderen werden unsicher und zweifeln daran, ob sie ihr Ziel je erreichen werden, ob es überhaupt das richtige ist. Die einen sind von ihrer Zuversicht getragen, die anderen von ihren Zweifeln beherrscht. Wie es uns in diesen Zeiten geht, spiegelt wider, ob wir zu denen gehören, die von einem unerschütterlichen Glauben getragen sind, oder zu denen, die zweifeln, suchen und mit ihrem Glauben ringen. Sind wir von einem Grundvertrauen getragen und glauben fest daran, dass in unserem Leben letztlich alles dem Guten dient? Oder fällt uns dieses Grundvertrauen schwer? Vielleicht weil es uns als Kind nicht vermittelt wurde oder weil wir in unserem Leben schlimme Erfahrungen gemacht haben … Es kann viele Gründe dafür geben.

Wir sind mit diesen Zweifeln und Glaubenskrisen nicht allein. Schon immer haben Menschen nach Halt und nach Bestärkung gesucht. Deshalb finden sich in der Bibel viele Geschichten, ermutigende, tröstende und stärkende, die von der Kraft des Glaubens sprechen. Im Hebräerbrief wird erzählt, wie Gott Menschen durch alle Gefahren und Widrigkeiten, durch Kreuz und Leid hindurchgeführt hat. Wie er ihnen immer wieder neue Kraft und Zuversicht schenkte. Auch wenn sie zum Teil lange darauf warten mussten, dass ihr Vertrauen sich als begründet erwies, so wurde es am Ende doch gut. Wie etwa bei Abraham und Sara, denen erst im hohen Alter Kinder geschenkt wurden. Oder bei Josef und seiner Familie, die erst einen langen, schweren Weg gehen mussten, ehe sich dieser Weg als letzlich nötig und sinnvoll erwies. Ältere Menschen berichten oft von ähnlichen Erfahrungen, wenn sie auf ihr Leben zurückschauen. Am Ende sagen zu können, dass es gut war, das ist ein großes Geschenk. Davon zu erzählen bedeutet, sich in eine lange Reihe von Glaubenszeugen einzugliedern. Bedeutet weiterzutragen, was uns trägt, und weiterzugeben, was uns gegeben wurde. Damit die zuweilen schwere Zeit des Wartens erträglicher wird.

Praxisidee: Worauf warte ich?

IN DER GRUPPE

Material: Klappkarte, Modeschmuckanhänger in Form eines Ankers (günstig im Geschäft für Bastelbedarf erhältlich oder übers Internet bestellbar), Schnur, Klebstoff

1. Die Teilnehmenden sollen sich Gedanken darüber machen, was sie von der Zukunft erwarten und/oder sich für die Zukunft erhoffen. Sie erhalten eine Klappkarte und notieren ihre Erwartungen und Hoffnungen auf einen Zettel, der innen auf die linke Seite der Karte eingeklebt wird.
2. Die Teilnehmenden erhalten einen Zettel mit dem Vers Hebr 11,1: „Es ist aber der Glaube eine feste Zuversicht auf das, was man hofft, und ein Nichtzweifeln an dem, was man nicht sieht." Der Zettel wird in die rechte innere Seite der Karte eingeklebt.
3. Die Teilnehmenden kommen über den Bibelvers ins Gespräch (Glaubenserfahrungen, Zweifel …).
4. Der Leiter/die Leiterin erklärt das Symbol des Ankers. „Der Anker ist ein christliches Symbol für die Hoffnung und den gewissen Halt des Glaubenden bei Gott. Steht ein Schiff symbolisch für den Menschen, dann der Anker für Gott, der sicheren Halt am Ufer/im Hafen verspricht. Die Kreuzform des Ankers verweist zudem auf das Kreuz Christi."
5. Die Teilnehmenden erhalten einen Anhänger in Form eines Ankers und eine Schnur. Der Anker wird an der Schnur befestigt und in die Klappkarte eingelegt.
6. Auf der Vorderseite der Karte kann zudem noch ein Foto aus dem „Adventsweg" aufgeklebt werden.

IM RAHMEN EINES GOTTESDIENSTES ODER IN EINER GRÖSSEREN GRUPPE

1. Der Leiter/die Leiterin erklärt das Symbol des Ankers (siehe unter Nr. 4 oben).
2. Die Teilnehmenden erhalten einen Anhänger in Form eines Ankers und eine Schnur (siehe unter Nr. 5 oben).

22. Das Ziel ist in Sicht

Das Ziel ist in Sicht
Vorpreschen
Schneller werden
Schneller
Schneller werden
Vorpreschen
Das Ziel ist in Sicht

Auf einmal geht alles ganz schnell. Gerade noch haben Maria und Josef ungeduldig auf die Bahn gewartet, nun sind sie schon unterwegs, schneller, als jemals zuvor auf ihrem Weg. Gut, dass Maria sitzt und Josef sich festhält. Es schaukelt und ruckelt. Doch das Ziel ist in Sicht und beide haben nur noch eins im Sinn: schneller, schneller, schneller, es soll jetzt schnell gehen. Sie werden immer ungeduldiger. Ihre Gedanken überschlagen sich: „Noch fünf Haltestellen – noch vier – warum hält denn der Zug so lange? Noch drei – das gibt's doch nicht, können die Leute eigentlich noch langsamer einsteigen? Noch zwei – jetzt aber voran! Schneller!"
So könnten sie sich anhören, die Gedanken, die in Marias und Josefs Kopf herumwirbeln. Doch äußerlich sieht man es ihnen nicht an. So wie alle anderen auch verharren sie still auf ihrem Sitz. Wer weiß ... – vielleicht geht es dem Mann im Sitz hinter ihnen genauso, vielleicht hat er es auch eilig und ist in Gedanken schon zu seinem Ziel vorausgeeilt. Und die Frau mit der Mütze auf dem Kopf, weiter vorne im Zug ... – wer weiß schon, was ihr im Kopf herumgeht? Doch alle verhalten sich so, wie es von ihnen erwartet wird. Ruhig und unauffällig. Typisch ist auch, dass sich alle Menschen im Wagen verteilt haben. Bei freier Platzwahl tun wir das fast alle. Wenn es möglich ist, suchen wir uns einen Einzelplatz. Wollen für uns sein, möglichst anonym. Maria und Josef steht der Sinn ebenfalls nicht danach, Kontakt mit den Menschen um sie herum aufzunehmen. Ihr Blick ist zu verengt. Sie sind zu sehr auf ihr Ziel fixiert. Zu sehr mit sich selbst beschäftigt.
Ich muss zugeben, auch mir geht es oft so, wenn ich mit den öffentlichen Verkehrsmitteln unterwegs bin. Entweder bin ich auf dem Weg von einem Termin zum nächsten und nutze die Zeit in der Bahn oder im Bus, um den einen Punkt abzuschließen und mich in den nächsten einzudenken. Oder ich nutze die Fahrt als eine kleine Pause, in der ich versuche, abzuschalten und kurz die Augen zu schließen. Meistens bin ich dann ganz bei mir und zeige wenig von dem, was in mir vorgeht, und auch wenig Interesse an den Menschen um mich herum.
Aber wäre es nicht zur Abwechslung mal schön, wenn wir nicht so getrieben wären? Wäre es nicht schön, einmal nicht verbergen zu müssen, was gerade in uns vorgeht? Wäre es nicht schön, wenn wir uns mit anderen austauschen

könnten, anstatt mit unseren Gedanken allein zu bleiben? Wäre es nicht schön, wenn wir eine Zeitlang statt in die U1 oder U15 in die *U24* einsteigen könnten?
Wäre die Adventszeit eine U-Bahn, dann hieße sie wohl so: *U24*. Sie hätte als Startbahnhof den 1. Advent und als Fahrtrichtung Weihnachten. Was die Passagierzahl angeht, wäre sie wohl voller als gewohnt, vor allem auf der Zielgeraden, den letzten Adventstagen, in denen alle Welt letzte Weihnachtsgeschenke kaufen geht. Doch trotz der Geschäftigkeit und der Eile gäbe es in der U24 vielleicht hin und wieder Gespräche zwischen sich eigentlich fremden Menschen. Möglicherweise wären auch Leute mit im Waggon, die nicht nur das Ziel, sondern auch den Weg dahin im Blick haben und die vorweihnachtliche Stimmung bewusst genießen. Und solche, denen die Freude und Vorfreude auf das Fest ins Gesicht geschrieben stünde. Vielleicht würde die U24 nicht schneller als andere Züge fahren, doch ruhiger und entspannter auf jeden Fall. Deshalb: Wenn es möglich wäre, für sie eine Fahrkarte zu lösen, dann würde ich es tun. Um in angenehmer Gesellschaft zu reisen, ausgeruht auszusteigen und die Ankunft genießen zu können.

Praxisidee: Bild zerschneiden und neu zusammensetzen

IN DER GRUPPE

Material: Kopie des Fotos „Das Ziel ist in Sicht“ *(Arbeitsblatt 17 = Bild 22 zum Downloaden).*

1. Die Teilnehmenden sollen das Bild zerschneiden und dann so neu zusammensetzen, dass ein neues Bild entsteht. Dazu werden zuerst die einzelnen Motive des Bildes ausgeschnitten, zum Beispiel: die Bänke, die Lampen, Maria und Josef. Dann werden sie in eine neue Ordnung gebracht und auf ein leeres Blatt aufgeklebt. Mit einem schwarzen Stift können auch neue Motive in das Bild eingezeichnet werden. Das neu zusammengesetzte Bild könnte einen Aspekt des alten Bildes darstellen, der besonders betont werden soll, zum Beispiel die Geschwindigkeit, mit der Maria und Josef auf ihr Ziel zueilen. Genauso könnten andere Aspekte des Bildes, z.B. die Anonymität auf einer Reise oder die Zielgerichtetheit unserer Wege, hervorgehoben werden.
2. In einer kleinen Ausstellung werden die neu entstandenen Bilder präsentiert.

IM RAHMEN EINES GOTTESDIENSTES ODER IN EINER GRÖSSEREN GRUPPE

Jeder erhält ein als „Fahrkartenticket“ gestaltetes DIN-A4-Blatt *(Arbeitsblatt 10: Fahrkarte)* mit dem Startbahnhof „1. Advent“ und dem Ziel „Weihnachten“. Als Zwischenstationen sind genannt: Vorfreude, Ruhe, Entspannung, Konzert, Freunde besuchen usw.

23. Vor verschlossener Tür

Das kann
doch nicht das Ende sein
Ich bin den Weg gegangen
Ich habe so viel gegeben
Ich habe mich bemüht
Das kann
doch nicht das Ende sein
Das kann doch nicht das Ende
Das kann doch nicht das
Das kann doch nicht
Das kann doch
Das kann

… Sie hatten keinen Raum in der Herberge.

LUKAS 2,7B, LUTHERÜBERSETZUNG

Maria ist am Ende. Es geht nicht mehr. Josef hämmert an die Tür. Sie bleibt verschlossen. Das kann doch nicht sein, dass sie nach langen Tagen und Wochen voller Strapazen und Hindernisse am Ziel angekommen sind und sich alles, was sie damit verbunden haben, als Wunschdenken, als unerreichbar herausstellt! Sie hatten Mitgefühl und Hilfsbereitschaft erwartet, hier, in der Stadt ihrer Vorfahren. Stattdessen erfahren sie Ignoranz und Kälte. Sie hatten mit einem Dach über dem Kopf gerechnet. Mit Sicherheit und Schutz, um ihr Kind zur Welt bringen zu können. Stattdessen stehen sie auf der Straße, hilflos, schutzlos. Hier sollten Freude und Glück sein. Hier sollte ein neues Leben beginnen. Hinter dieser Tür. Dieser elenden, verschlossenen Tür.

„Das kann doch nicht das Ende sein!" „Das geht doch nicht!" „Wie kann Gott das zulassen?!" „Wie soll ich mit dieser Ungerechtigkeit leben?!" Viel zu oft haben wir solche oder ähnliche Sätze schon gehört oder selbst sagen müssen. Viel zu oft haben sich Hoffnungen in bittere Enttäuschungen verwandelt, hat sich Vertrauen nicht ausgezahlt, sind Gebete nicht erhört worden, hat sich Undenkbares doch denken lassen, Unmenschliches als allzu menschlich erwiesen. „Das kann doch nicht!" Doch, das kann! Es kann geschehen. Es ist geschehen und es wird wieder geschehen. Warum? Weil Menschen Fehler machen und andere ins Unglück stürzen. Weil die Welt nicht heil ist, sondern voller Unheil. Weil es das Böse gibt und nicht nur das Gute.

Und doch hämmern wir weiter an die Tür. Halten an dem Glauben fest, dass es besser wird. Selbst wenn die Tür verschlossen bleibt und wir weiter draußen stehen bleiben müssen, kommen wir irgendwie damit zurecht. Es ist beängstigend, wie viel ein Mensch aushalten kann. Wir sind so gemacht, so erschaffen worden, dass wir noch das Schlimmste ertragen und irgendwie überleben können. Ich finde das erschreckend. Erschreckend, weil diese Fähigkeiten sich als *notwendig* erwiesen haben. Dass die Bedingungen so sind, dass wir sie erlernen mussten. Ebenso wie es *notwendig* ist, zu essen, zu trinken und zu schlafen, gehört es notwendig zu unserem Leben dazu, Dinge auszuhalten und zu verarbeiten, die eigentlich nicht auszuhalten und zu verarbeiten sind.

Aus rein biologischer Sicht gibt es eine Antwort auf die Frage, warum unser Leben so aussieht: Es ist ein Gesetz der Evolution, dass nur der Stärkste überlebt. Wer es nicht schafft, mit den gegebenen Bedingungen zurechtzukommen, hat keine Zukunft. Doch für uns, die wir an Gott als den Schöpfer und Heiland glauben, ist das keine zufriedenstellende Antwort. Wir fragen nach dem, der uns und diese Bedingungen erschaffen hat. Nach dem, der uns verheißen hat, dass es nicht so bleibt, wie es ist. Deshalb leiden wir an dieser Welt, deshalb erschrecken wir. Weil das Böse und Unerträgliche in ihr nicht vereinbar ist mit unserem Bild eines menschenfreundlichen, guten Gottes Meistens schaffen wir es, damit zu leben. Es zu akzeptieren, dass es Fragen gibt, auf die wir keine Antwort erhalten. Meistens tragen uns unsere Hoffnung und unser Glaube. Wir sehen die vielen Türen, die uns offen stehen, und an die, die uns verschlossen sind, klopfen wir weiter an, unermüdlich im Vertrauen darauf, dass sie sich irgendwann doch noch öffnen werden. Meistens schaffen wir das. Doch hin und wieder sind wir am Ende. Wie Maria. Dann geht es nicht mehr. Dann können wir nicht mehr gegen die Tür schlagen. Dann lehnen wir uns nur noch müde daran, der Kopf wird uns schwer und sinkt nach unten. Dann hören wir nur noch, wie neben uns ein anderer mit seinen Fäusten gegen die Tür schlägt. Und laut ruft: Das kann doch nicht das Ende sein.

Praxisidee: Enttäuschungen

IN DER GRUPPE

1. Die Teilnehmenden denken zurück, welche Enttäuschungen sie in ihrem Leben erlebt haben. Was *konnte* nicht sein und trat trotzdem ein? Dazu erhalten sie einen vorbereiteten Zettel *(Arbeitsblatt 11: Das kann doch nicht).*
2. Die Teilnehmenden überlegen sich eine Körperhaltung oder Geste, die ihre Enttäuschung ausdrückt, z.B. gebückt, den Kopf gesenkt ...
3. Die Teilnehmenden gehen im Raum umher und probieren ihre Körperhaltung oder Geste aus.
4. Austausch. Wie ging es den Teilnehmenden damit, die passende Körperhaltung einzunehmen/Geste auszuführen?
5. Gespräch: Wie sind die Teilnehmenden mit ihren Enttäuschungen umgegangen? Wie haben sie Enttäuschung überwunden?
6. Wenn noch Zeit ist, kann auch zum Lebensgefühl, das sich nach Überwindung der Enttäuschung einstellte, eine Körperhaltung/Geste gefunden und ausprobiert werden.

Praxisidee: Gestaltung einer Klagemauer in der Kirche

IM RAHMEN EINES GOTTESDIENSTES ODER IN EINER GRÖSSEREN GRUPPE

Material: Backsteine, möglichst mit Öffnungen, jeweils eine größere Anzahl von blauen und grünen Zetteln, eventuell Teelichter.

An einem geeigneten Ort in der Kirche wird z.B. aus Backsteinen eine Klagemauer errichtet. Diese muss nicht sehr hoch sein und braucht auch nur etwa einen Meter lang zu sein. Gut ist es, wenn die Steine Öffnungen bieten, in die Zettel hineingesteckt werden können.

Um Menschen zu ermöglichen, Gebete, Klagen und Bitten in die Mauer zu stecken, könnten Zettel in zwei Farben ausgelegt werden. Grüne Zettel dürfen/sollen in die Fürbitte im Gottesdienst aufgenommen werden. Blaue Zettel sind nur für die Augen Gottes bestimmt und sollen nicht von anderen Personen gelesen werden.

Es kann zudem die Möglichkeit bestehen, ein Teelicht anzuzünden und auf die Mauer zu stellen.

24. Angekommen

Angekommen.
Maria und Josef
in Betlehem.
Jesus Christus
in der Welt.
Und wir bei Gott.

Und es kam die Zeit, dass sie gebären sollte.
Und sie gebar ihren ersten Sohn und wickelte ihn in Windeln
und legte ihn in eine Krippe.

LUKAS 2,6.7A, LUTHERÜBERSETZUNG

Als sie dort waren, kam für Maria die Zeit ihrer Niederkunft,
und sie gebar ihren Sohn, den Erstgeborenen.
Sie wickelte ihn in Windeln und legte ihn in eine Krippe.

LUKAS 2,6.7A, EINHEITSÜBERSETZUNG

Angekommen. Nicht an dem Ort, von dem sie hofften, dass sie ihn finden würden. Nicht in einer Herberge. Auch nicht bei jemandem, der sie aufgenommen hätte. Nein, angekommen sind sie hier. In einer kleinen Nische am Straßenrand. Die löchrigen Bretter trennen sie vom Wohnraum dahinter. Davor liegt Schnee. Für das Neugeborene haben sie eine leere Schachtel gefunden. Da liegt es jetzt. In Betlehem. In Maria und Josefs Betlehem.
Sage, wo ist Betlehem? So fragt Rudolph Otto Wiemer in einem Gedicht. Und antwortet gleich darauf: Betlehem ist überall. Jederzeit. Hier und dort. Für Maria und Josef ist es dieser kleine Zufluchtsraum geworden. Bald schon werden andere hier ihr Betlehem finden. Die Hirten, die Könige, Menschen von fern und nah.
Betlehem ... ist es überhaupt ein fester Ort? Oder ist es eine Zeit, ein Mensch, ein Gefühl? Ist Betlehem nicht überall dort, wo Jesus in die Welt kommt? Überall dort, wo eine Sehnsucht entspringt? Überall dort, wo unser Herz Wohnung findet? Überall dort, wo Menschen menschlich miteinander umgehen? Wo etwas vom weihnachtlichen Frieden zu spüren ist?
Im Diakonie-Klinikum Stuttgart, wo die Bilder und Texte dieses Adventsweges zuerst ausgestellt wurden, haben wir verschiedene Menschen im Haus gefragt, wo ihr Betlehem ist. Keine Antwort glich der anderen. Pflegerinnen und Pfleger fanden Betlehem in der Dankbarkeit der Patienten. Die Mitarbeiterinnen am Empfang sahen es jedes Mal, wenn der Begrüßungsdienst ankommenden Menschen freundlich lächelnd dabei half, sich im Haus zurechtzufinden. Für die Ärzte und Ärztinnen war Betlehem erreicht, wenn

Patienten geheilt nach Hause gehen konnten. Für das Team auf der Palliativstation leuchtete Betlehem auf, wenn ein Mensch friedlich einschlafen durfte.

Wo ist Ihr Betlehem? Ist es ein Ort, der Ihnen viel bedeutet? Oder ist es eine Erinnerung, die Ihnen Kraft spendet, oder Ihr Glaube und Ihre Hoffnung? Also etwas, das Sie immer bei sich tragen und nicht nur hin und wieder erleben? Am Heiligen Abend wird das Jesuskind in vielen heimischen Krippen in seine Wiege, in den Futtertrog, oder wie bei unseren beiden Figuren, in eine Pappschachtel gelegt. Die kleine Figur, die das Jahr über in einer Schachtel im Schrank auf ihren Einsatz gewartet hat, darf für eine kurze Zeit herausgenommen werden. Wenn Weihnachten zu Ende ist, muss sie wieder sorgfältig verstaut werden. Und Betlehem rückt wieder in weite Ferne.

In dem von Johann Sebastian Bach vertonten Lied „Ich steh an deiner Krippen hier" wünscht sich der große Liederdichter Paul Gerhardt, dass das anders wäre. Er möchte sein Betlehem, seine Krippe, immer und überallhin mitnehmen. Er wünscht sich, dass Jesus in sein Herz einzieht, damit er ihn immer bei sich hat. Damit geht es ihm wie Rudolph Otto Wiemer. Auch für ihn ist Betlehem da: jederzeit, überall, hier und dort. Ich wünsche uns allen, dass wir Betlehem häufig und auf vielerlei Weise finden, in dieser Advents- und Weihnachtszeit und weit darüber hinaus.

Praxisidee: Wo ist mein Betlehem?

IN DER GRUPPE

1. Die Teilnehmenden überlegen, was das Symbol „Betlehem" bedeutet und wo „ihr Betlehem" ist. Als Anregung kann das Gedicht „Sage, wo ist Betlehem" von Rudolph Otto Wiemer dienen (z.B. NL 73).
2. Die Teilnehmenden erhalten ein vorbereitetes Blatt *(Arbeitsblatt 12: Mein Betlehem).* Sie zeichnen oder schreiben „ihr Betlehem" in die Leerstelle in der Mitte des Bildes hinein.
3. Austausch in der Gruppe oder Vernissage (die Bilder werden aufgehängt und von den Teilnehmenden wie eine Ausstellung betrachtet).
4. Lied: Ich steh an deiner Krippen hier (GL 256; EG 37) oder Sage, wo ist Betlehem (NL 73)

IM RAHMEN EINES GOTTESDIENSTES ODER IN EINER GRÖSSEREN GRUPPE

Die Punkte 1 und 4 lassen sich auch im Rahmen eines Gottesdienstes oder in einer größeren Gruppe umsetzen.

Außerdem kann im Altarraum/an einer geeigneten Stelle eine Collage mit alltäglichen Situationen aus der ganzen Welt gezeigt bzw. aufgestellt werden, in deren Mittelpunkt das Bild 24 „Ankommen" eingefügt wurde.

Anhang

Kurzform eines Gottesdienstes oder spirituellen Impulses zum Adventsweg

Zwei biblische Erzählfiguren wurden als Maria und Josef auf den Weg nach Betlehem geschickt. Ihr Weg führte sie durch eine winterliche Großstadt. Manche Hindernisse waren zu überwinden, manchmal ließen die Kräfte nach, doch auch Hoffnungszeichen erschienen am Wegesrand und gaben Kraft zum Weitergehen. Ich lade Sie nun ein, sich zusammen mit Maria und Josef auf den Weg zu machen – bis nach Betlehem. Wir werden unsere Reise immer wieder unterbrechen, um Adventslieder zu singen.

Material: Powerpoint-Datei mit den Bildern des Adventsweges und Kurzform der Andacht „Auf dem Weg" (auch als Download, vgl. S. 9).

1. The starting line

The starting line.
Die Startlinie.
Es ist Advent.
Der Weg beginnt.

Es begab sich aber zu der Zeit, dass ein Gebot von dem Kaiser Augustus ausging, dass alle Welt geschätzt würde … Und jedermann ging, dass er sich schätzen ließe, ein jeder in seine Stadt. Da machte sich auf auch Josef aus Galiläa, aus der Stadt Nazaret, in das jüdische Land zur Stadt Davids, die da heißt Betlehem, weil er aus dem Hause und Geschlechte Davids war, damit er sich schätzen ließe mit Maria, seinem vertrauten Weibe; die war schwanger.

LUKAS 2,1.3–5, LUTHERÜBERSETZUNG

In jenen Tagen erließ Kaiser Augustus den Befehl, alle Bewohner des Reiches in Steuerlisten einzutragen. Dies geschah zum ersten Mal; damals war Quirinius Statthalter von Syrien. Da ging jeder in seine Stadt, um sich eintragen zu lassen. So zog auch Josef von der Stadt Nazaret in Galiläa hinauf nach

Judäa in die Stadt Davids, die Betlehem heißt; denn er war aus dem Haus und Geschlecht Davids. Er wollte sich eintragen lassen mit Maria, seiner Verlobten, die ein Kind erwartete.

LUKAS 2,1.3–5, EINHEITSÜBERSETZUNG

LIED

Macht hoch die Tür, Str. 1–3 (GL 218; EG 1)

2. Ein Weg öffnet sich

Heute öffnet sich ein Weg vor mir.
Ich weiß nicht, was kommen wird,
aber ich vertraue darauf, dass du mich leitest.
Ich öffne mich für deinen Weg mit mir.

3. Gemeinsam die Stufen erklimmen

Gemeinsam die Stufen erklimmen.
Es sind viele. Glatt vom Schnee. Und kalt.
Reichen unsere Kräfte bis oben?
Wir nehmen einander an die Hand und fangen an.

4. Verirrt

Verirrt. Ein weißer Wald. Alles weiß.
Nur wir allein, zwei dunkle Flecken.
Verloren.

LIED

Wie soll ich dich empfangen, Str. 1.2 (EG 11) oder: Kündet allen in der Not, Str. 1.2 (GL 221)

5. Über den Dingen stehen

Über den Dingen stehen.
Der Weg ist so klar.
Ich sehe ihn vor mir.

Ich weiß, wie ich ihn gehen kann.
Ich atme auf.

6. Weiter Raum

Ich komme gut voran. Du hast mir Kraft geschenkt.
Ich habe den Kopf gehoben und Mut gefasst.
Du hast mich auf weiten Raum gestellt.
Ich schreite frei aus.

7. Ich komme nicht dazu

Alles geht so schnell. So rasend schnell. Rast an mir vorbei.
Ich komme nicht dazu, zu tun, was ich tun will.
Ich komme nicht dazu, zu fragen, was ich fragen will.
Ich komme nicht dazu, zu sagen, was ich sagen will.
Wann wird es wieder ruhig werden?
Wann kann ich Atem holen?
Wann?

8. Die Welt steht kopf

Die Welt steht kopf.
Wo ist oben? Wo ist unten?
Was ist los mit mir?
Irgendetwas stimmt nicht.
Verkehrt, verzerrt und verspiegelt.
Meine Welt steht kopf.

9. Herzen

Hast du sie gesehen?
Herzen am Wegesrand.
Halte an. Verpasse sie nicht.

Seht auf und erhebt eure Häupter, weil sich eure Erlösung naht.

LUKAS 21,28, LUTHERÜBERSETZUNG

LIED

Wie soll ich dich empfangen, Str. 6.7 (EG 11) oder: Macht hoch die Tür, Str. 3–5 (GL 218; EG 1)

10. Verpasst

Verpasst.
Vor der Nase weggefahren.
Zu langsam gewesen. Versäumt.
Nicht schnell genug. Chance vorbei.
Verpasst.

11. Baustelle

Ich muss anhalten: Baustelle.
Mein Leben: Baustelle.
Abbruch und Neubau.
Was bleibt mir?
Es wird abgebrochen, woran mein Herz hing.
Es wird neu gebaut – wie werde ich damit leben?
Altes geht, Neues entsteht.
Du bleibst.

12. Einfach nur dasitzen

Einfach nur dasitzen. Ausruhen.
Meine Bank in Anspruch nehmen.
Mir eine Pause zugestehen.
Die anderen laufen noch.
Leere Bänke, so weit das Auge reicht.

13. Das Licht der Laternen

Nacht.
Das Licht der Laternen wirft unsere Schatten vor uns.
Doch es ist ruhig hier, friedlich.
Ich fasse deine Hand und wir gehen weiter,
unter dem Licht der Laternen.

LIED
Die Nacht ist vorgedrungen, Str. 1.2 (GL 220; EG 16)

14. Kalt

Halte mich fest. Ich friere.
Die Kälte steigt in mir hoch.
Ich erkalte. So kalt.
Bitte, halte mich fest.

15. Winterpause

Winterpause – Zeit zum Ausruhen, zum Kraftschöpfen.
Und nach der Pause – weitergehen.

16. Der Weg ist frei

Der Weg vor mir ist frei. Frei. Ich kann es sehen.
Der Weg vor mir ist sicher. Sicher. Ich kann ihn gehen.

Bereitet dem Herrn den Weg; denn siehe, der Herr kommt gewaltig.
JESAJA 40,3.10

LIED
Die Nacht ist vorgedrungen, Str. 3–5 (GL 220; EG 16)

17. Spürst du es schon?

Spürst du es schon? Es bricht etwas an.
In den leeren Straßen tauchen Herzen auf.

18. Kaffeepause

Zeit zum Innehalten.
Eine dampfende Tasse Kaffee genießen.
Sich gemütlich zurücklehnen. Abschalten.
Die Welt dreht sich auch ohne uns weiter.
Einander in den Arm nehmen.
Reden. Schweigen. Da sein.

19. Du wachst über mir

Du hältst Wache über mir.
Ich darf einschlafen. Nicht mehr wachsam sein.
Wehrlos werden. Der Müdigkeit nachgeben. Schlafen.
Du wachst über mich.

20. Ich sehe sie schon

Ich sehe sie schon. Sie liegen vor mir.
Meine Wünsche. Meine Ziele. Meine Hoffnung.
Meine Träume. Mein Glück.
Ganz nahe und doch so weit weg.
Trotzdem. Ich strecke die Hand aus.
Vielleicht kommen sie auf mich zu.

LIED
Mit Ernst, o Menschenkinder, Str. 2–4
(EG 10, GL in verschiedenen Diözesan-Eigenteilen)

21. Warten

Noch warten wir. Bald sind wir am Ziel.
Noch sind wir angespannt. Bald wird sich die Spannung lösen.
Noch sind wir unruhig. Bald wird sich alles beruhigen.
Noch warten wir. Bald sind wir am Ziel.

22. Das Ziel ist in Sicht

Das Ziel ist in Sicht
Vorpreschen
Schneller werden
Schneller
Schneller werden
Vorpreschen
Das Ziel ist in Sicht

23. Vor verschlossener Tür

Das kann doch nicht das Ende sein
Ich bin den Weg gegangen
Ich habe so viel gegeben
Ich habe mich bemüht
Das kann doch nicht das Ende sein
Das kann doch nicht das Ende
Das kann doch nicht das
Das kann doch nicht
Das kann doch
Das kann

… Sie hatten keinen Raum in der Herberge.

LUKAS 2,7B, LUTHERÜBERSETZUNG

24. Angekommen

Angekommen.
Maria und Josef in Betlehem.
Jesus Christus in der Welt.
Und wir bei Gott.

Und es kam die Zeit, dass sie gebären sollte. Und sie gebar ihren ersten Sohn und wickelte ihn in Windeln und legte ihn in eine Krippe.

LUKAS 2,6.7A, LUTHERÜBERSETZUNG

Als sie dort waren, kam für Maria die Zeit ihrer Niederkunft, und sie gebar ihren Sohn, den Erstgeborenen. Sie wickelte ihn in Windeln und legte ihn in eine Krippe.

LUKAS 2,6.7A, EINHEITSÜBERSETZUNG

LIED

Ich steh an deiner Krippen hier, Str. 1.2.9 (GL 256; EG 37)

Arbeitsblätter

Pyramide des Lebens

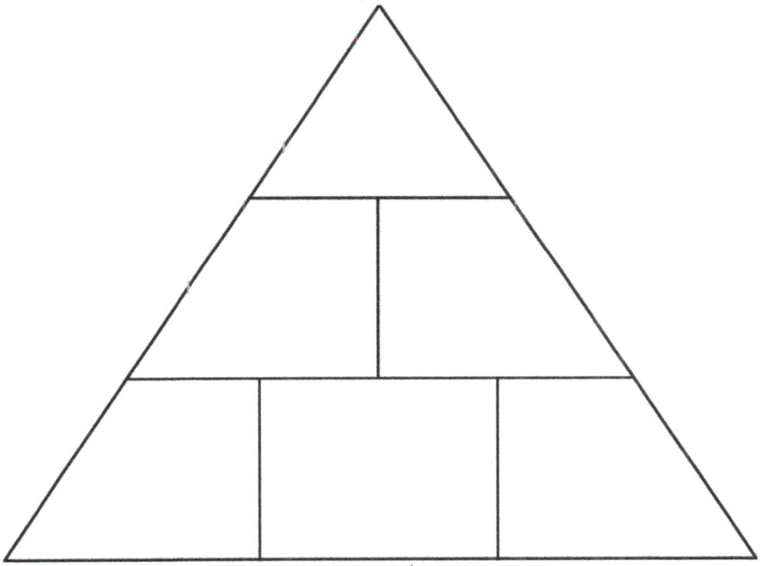

Pyramide des Lebens

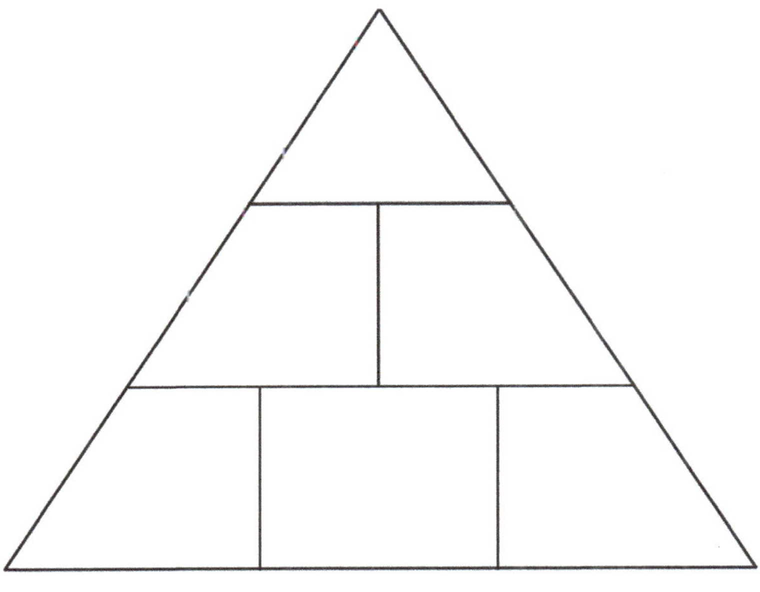

Ein Elfchen zu den Worten „Herz" und „Erlösung" schreiben

1. Zeile	1 Wort	Ein Gedanke, ein Gegenstand, eine Farbe, ein Geruch o.ä.
2. Zeile	2 Worte	Was macht das Wort aus Zeile 1?
3. Zeile	3 Worte	Wo oder wie ist das Wort aus Zeile 1?
4. Zeile	4 Worte	Was meinst du zu diesem Thema?
5. Zeile	1 Wort	Fazit: Was kommt dabei heraus?

Beispiele:

Licht	Herz	Erlösung
Strahlen Flackern	Verschenkt sich	Wird erwartet
Warm leuchtend schön	Sanft, selbstlos, singend	Freiheit, Liebe, Freude
Erhellt das tiefste Dunkel	Ich schenke es dir	Ich sehne mich danach
Kerzenschein	Himmel	Komm!

Elfchen zum Wort „Herz"

____

__________ __________

__________ __________ __________

__________ __________ __________ __________

____

Elfchen zum Wort „Erlösung"

____

__________ __________

__________ __________ __________

__________ __________ __________ __________

____

Lebensuhren

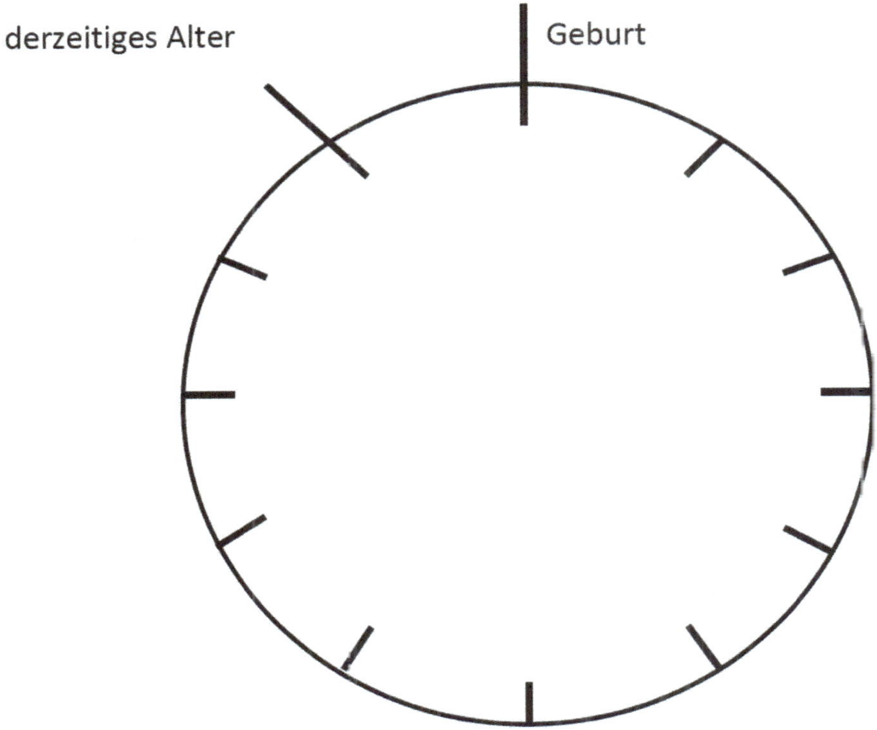

Meine Bank

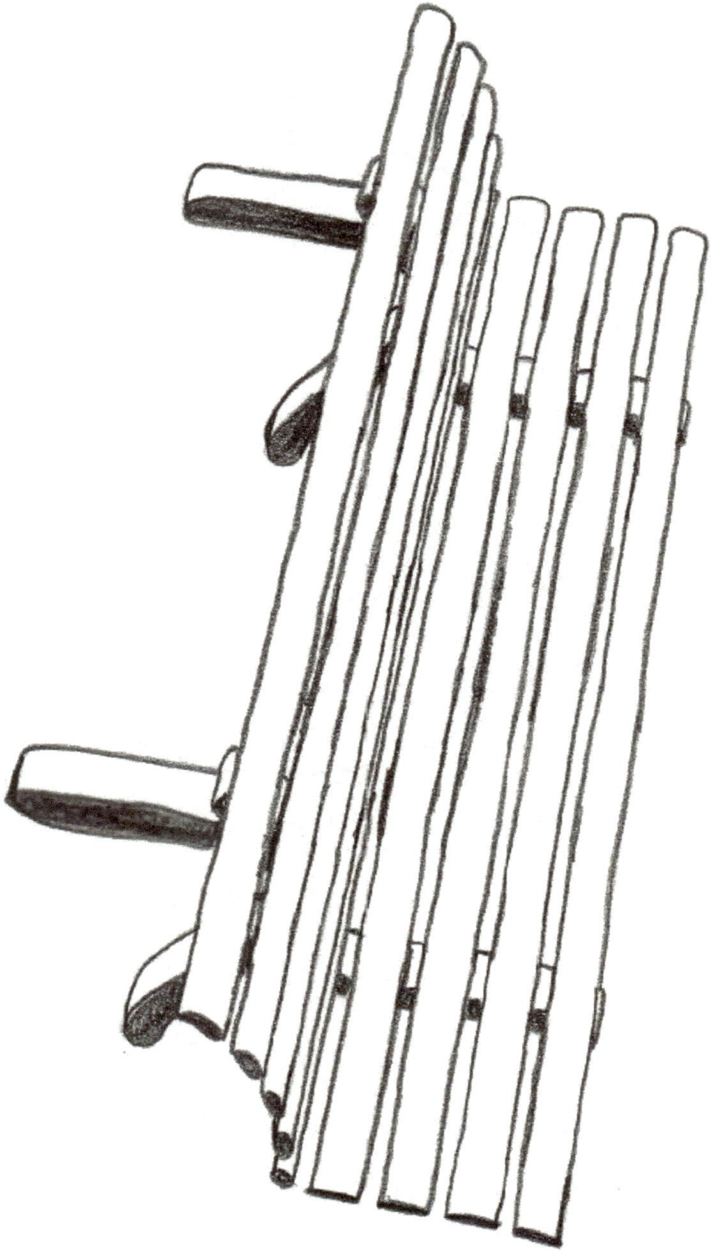

Windlicht „Stern“

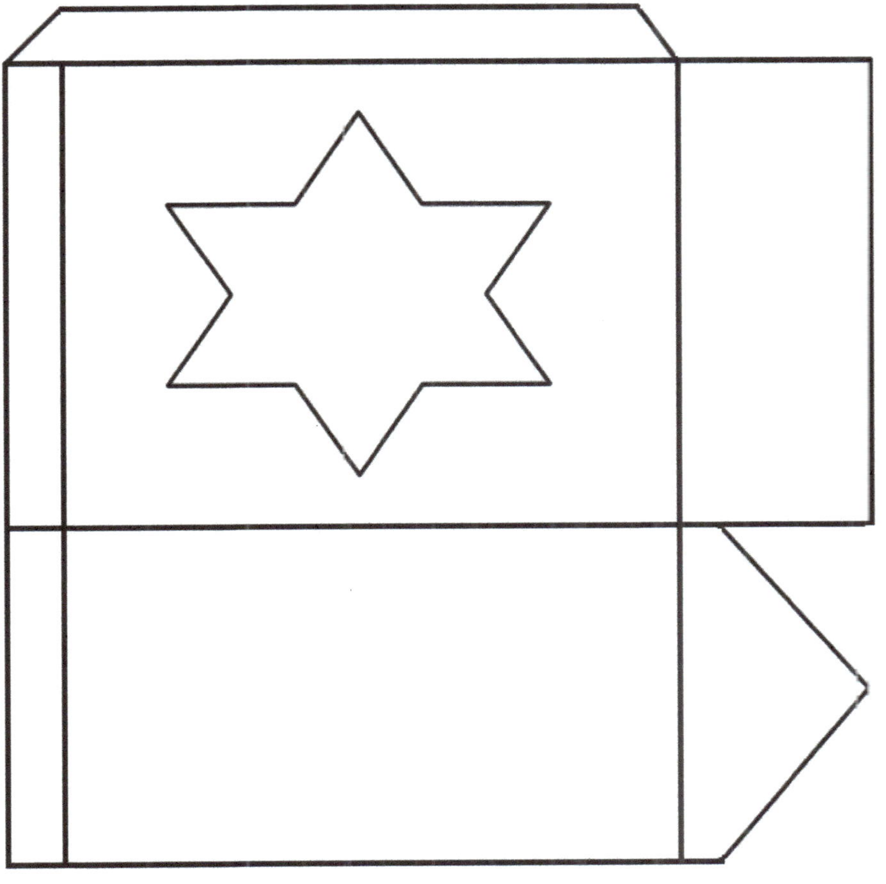

Jahreszeiten

Herbst: Der Baum wirft seine Blätter ab.
Was möchte ich gerne abwerfen? Wovon möchte/ sollte ich mich lösen?

____

____

____

Winter: Der Baum ruht und sammelt Kräfte für den Frühling.
Nutze ich meine „Winterpause"? Wofür brauche ich neue Kräfte?

____

____

____

Frühling: Der Baum lässt neue Blätter und Blüten sprossen.
Entdecke und/oder probiere ich Neues in meinem Leben?

____

____

____

Sommer: Der Baum steht in voller Blüte.
Was macht mich aus, wenn ich in „voller Blüte stehe"? Was brauche ich dazu?

____

____

____

Herzensbrief

Mein Wunschcafé

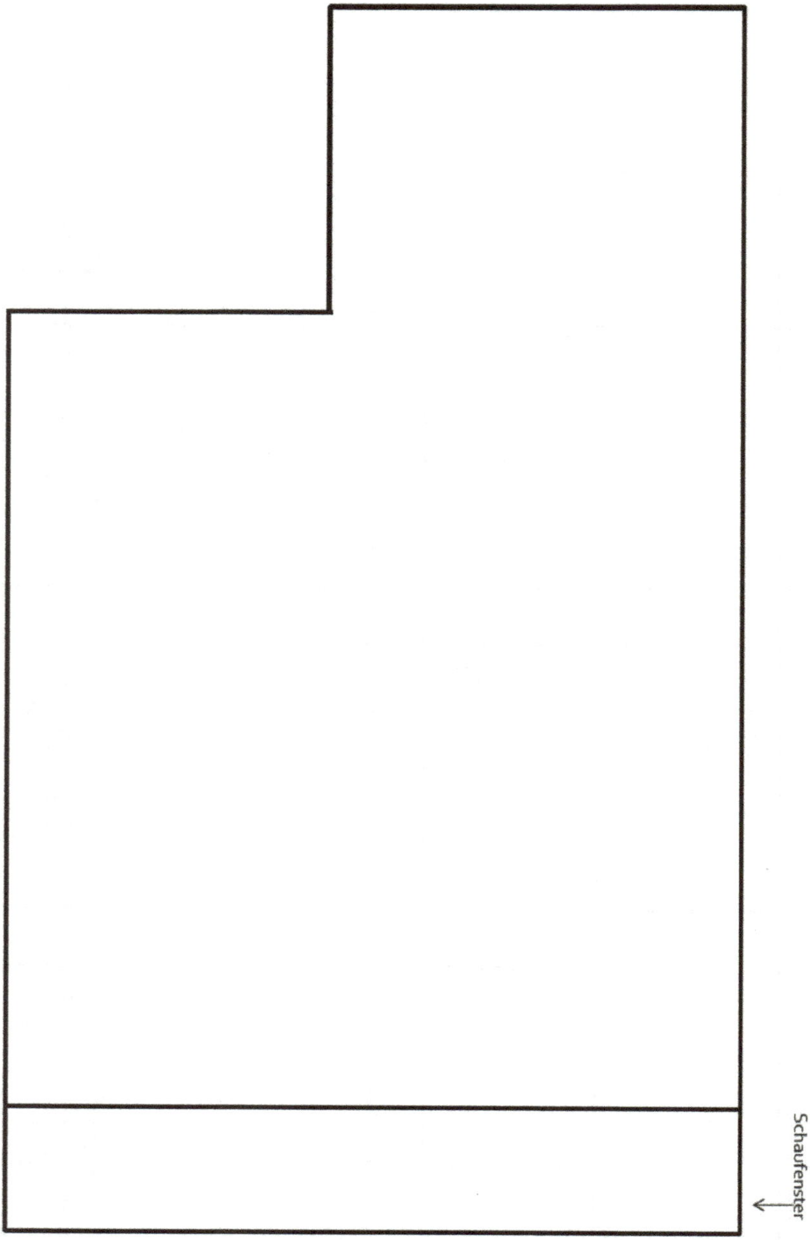

Ich liege und schlafe ganz mit Frieden;
denn allein du, HERR, hilfst mir,
dass ich sicher wohne

PSALM 4,9

Herr, bleibe bei uns,
denn es will Abend werden,
und der Tag hat sich geneiget.

LUKAS 24,29

Bleibe bei uns, (Herr);
denn es will Abend werden,
und der Tag hat sich geneigt.
Bleibe bei uns, bei deiner Kirche,
bei deiner Schöpfung.
Bleibe bei uns am Abend des Tages,
am Abend des Lebens, am Abend der Welt.
Bleibe bei uns mit deiner Gnade und Güte,
mit deinem Wort und
den Zeichen deiner Gegenwart,
mit deinem Trost und Segen.
Bleibe bei uns, wenn über uns kommt
die Nacht der Traurigkeit und der Angst,
die Nacht des Zweifels und der Anfechtung,
die Nacht des bitteren Todes.
Bleibe bei uns und bei allen,
die sich dir anvertrauen in Zeit und Ewigkeit.

NACH GEORG CHRISTIAN DIEFFENBACH

Unser Abendgebet steige auf zu dir, Herr,
und es senke sich
auf uns herab dein Erbarmen.
Dein ist der Tag, und dein ist die Nacht.
Lass, wenn des Tages Schein vergeht,
das Licht deiner Wahrheit uns leuchten.
Geleite uns zur Ruhe der Nacht
und vollende dein Werk an uns in Ewigkeit.

ALTES KIRCHENGEBET

Ich danke dir, mein himmlischer Vater,
durch Jesus Christus, deinen lieben Sohn,
dass du mich diesen Tag gnädiglich
behütet hast, und bitte dich,
du wollest mir vergeben alle meine Sünde,
wo ich Unrecht getan habe,
und mich diese Nacht auch gnädiglich
behüten. Denn ich befehle mich, meinen
Leib und Seele und alles in deine Hände.
Dein heiliger Engel sei mit mir,
dass der böse Feind keine Macht
an mir finde.

LUTHERS ABENDSEGEN

O Friede, der nun alles füllet,
erfüll auch uns mit süßer Ruh,
und bis ein Tag sich neu enthüllet,
deck uns mit trauten Träumen zu.
Wie manches, was des Tages Wille
mit rechter Klarheit nicht ergreift,
dem hilf, dass es in deiner Stille
zu freundlicher Vollendung reift!
Wen Schicksalsschläge grausam trafen,
den tröste des, was ihm geschehn;
wer neid- und hasserfüllt entschlafen,
den lass versöhnt den Morgen sehn!
So allem, dem gleich uns auf Erden
zuteil des Lebens schwankes Los,
lass deines Segens Tiefe werden,
gib Kraft aus deinem heiligen Schoß.

CHRISTIAN MORGENSTERN

May He support us all the day long,
till the shades lengthen
and the evening comes,
and the busy world is hushed,
and the fever of life is over,
and our work is done.
Then in His mercy may He
give us a safe lodging, and a holy rest
and peace at the last.

JOHN HENRY NEWMAN

Herr, du hast uns geschaffen,
und unser Herz ist unruhig,
bis es Ruhe findet in dir.
Dein ist das Licht des Tages.
Dein ist das Dunkel der Nacht.
Das Leben ist dein und der Tod.
Ich selbst bin dein und bete dich an.
Lass mich ruhen in Frieden,
segne den kommenden Tag
und lass mich erwachen,
dich zu rühmen.
Amen.

AUGUSTINUS

In deine Hände befehle ich meinen Geist.
Du hast mich erlöst, Herr, du treuer Gott.
Bewahre mich in dieser Nacht
nach deiner Gnade.
Beschirme mich unter dem
Schatten deiner Flügel.
Ich preise dich,
der war, der ist und der kommt.
In deine Hände befehle ich meinen Geist
jetzt und in Ewigkeit.

ALTES KIRCHENGEBET

Abends, wenn ich schlafen geh
vierzehn Engel um mich stehn
zwei zu meiner Rechten
zwei zu meiner Linken
zwei zu meinen Häupten
zwei zu meinen Füßen
zwei, die mich decken
zwei, die mich wecken
zwei, die mich führen
ins himmlische Paradeis
Amen.

ALTES VOLKSLIED

Gut Nacht, gut Nacht, mein feines Lieb,
gut Nacht, schlaf wohl, mein Kind!
Dass dich die Engel hüten all,
die in dem schönen Himmel sind!
Gut Nacht, gut Nacht, mein feines Lieb,
schlaf wohl in Nächten lind!
Es singt im Busch die Nachtigall
im klaren Mondenschein.
Der Mond scheint in das Fenster dir,
guckt in dein stilles Kämmerlein;
Gut Nacht, gut Nacht, mein feines Lieb,
gut Nacht, mein Kindelein.

FRIEDRICH SILCHER

Abend wird es wieder,
Über Wald und Feld
Säuselt Frieden nieder
Und es ruht die Welt.
Nur der Bach ergießet
Sich am Felsen dort,
Und er braust und fließet
Immer, immer fort.
Und kein Abend bringet
Frieden ihm und Ruh,
Keine Glocke klinget
Ihm ein Rastlied zu.
So in deinem Streben
Bist, mein Herz, auch du:
Gott nur kann dir geben
Wahre Abendruh.

HOFFMANN VON FALLERSLEBEN

Der Mond ist aufgegangen,
die goldnen Sternlein prangen
am Himmel hell und klar.
Der Wald steht schwarz und schweiget,
und aus den Wiesen steiget
der weiße Nebel wunderbar.
Wie ist die Welt so stille
und in der Dämmrung Hülle
so traulich und so hold
als eine stille Kammer,
wo ihr des Tages Jammer
verschlafen und vergessen sollt.
Seht ihr den Mond dort stehen?
Er ist nur halb zu sehen
und ist doch rund und schön.
So sind wohl manche Sachen,
die wir getrost belachen,
weil unsre Augen sie nicht sehn.
Wir stolzen Menschenkinder
sind eitel arme Sünder
und wissen gar nicht viel.
Wir spinnen Luftgespinste
und suchen viele Künste
und kommen weiter von dem Ziel.
So legt euch denn, ihr Brüder,
in Gottes Namen nieder;
kalt ist der Abendhauch.
Verschon uns, Gott, mit Strafen
und lass uns ruhig schlafen.
Und unsern kranken Nachbarn auch!

MATTHIAS CLAUDIUS

Ich liege und schlafe ganz mit Frieden;
denn allein du, HERR, hilfst mir,
dass ich sicher wohne.

PSALM 4,9

Fahrkarte

FAHRKARTE FÜR DEN ADVENTSZUG

Reisende(r):

____

Gültigkeit ab: 1.12.20__

1.12.20__ Startbahnhof: 1. Advent

12.12.20__ Zielbahnhof: Weihnachten

Unterbrechungen der Fahrt sind für folgende Zwischenhalte möglich:

Vorfreude, Ruhe, Entspannung, Konzerte, Freunde besuchen, Backen, Singen, Andachten und Gottesdienste, Wohlfühlen

Preis: bereits bezahlt

FAHRKARTE FÜR DEN ADVENTSZUG

Reisende(r):

____

Gültigkeit ab: 1.12.20__

1.12.20__ Startbahnhof: 1. Advent

12.12.20__ Zielbahnhof: Weihnachten

Unterbrechungen der Fahrt sind für folgende Zwischenhalte möglich:

Vorfreude, Ruhe, Entspannung, Konzerte, Freunde besuchen, Backen, Singen, Andachten und Gottesdienste, Wohlfühlen

Preis: bereits bezahlt

Das kann doch nicht

Das KANN doch nicht:

Das KANN

Das KANN doch nicht:

Das KANN

Das KANN doch nicht:

Das KANN

Das KANN doch nicht:

Das KANN

Das KANN doch nicht:

Das KANN

Mein Betlehem

Anleitung zur Herstellung eines Adventskalenders in Form eines Adventsweges

Vielleicht inspiriert Sie dieses Buch dazu, in Ihrer Gemeinde, in Ihrem Haus, in Ihrer Stadt ein ähnliches Fotoprojekt durchzuführen. Dies wäre mit verschiedenen Gruppen möglich: einer Jugendgruppe, einer Schulklasse, einer Gruppe in Ihrer Gemeinde oder sogar auf einem Klausurwochenende mit Ihrem Kirchenvorstand, Pfarrgemeinderat oder Kirchengemeinderat. Ich möchte Ihnen dazu Mut machen! Als Leitfaden können Sie sich an den folgenden Schritten orientieren.

- Beginnen Sie Ihr Projekt früh genug, damit es bis zum Advent abgeschlossen ist und präsentiert werden kann.
  Falls Sie Ihren Kalender drucken lassen wollen, rechnen Sie genug Zeit für die Produktion ein.
- Wählen Sie für Ihren geplanten Adventskalender ein Thema aus. Zum Beispiel: der Adventsweg, Licht, Erwartung, Vorfreude ...
- Überlegen Sie, an welchen Orten in Ihrer Gemeinde, in Ihrer Stadt, in Ihrem Haus dieses Thema präsent ist/anschaulich wird. Zum Beispiel: Licht-, Straßenbeleuchtung in der Weihnachtszeit, Weihnachtsbäume, heller Fensterschmuck, Dekoration in Kaufhäusern ...
- Legen Sie fest, wie viele Orte Sie für Ihren Kalender benötigen. Eventuell können auch an einem Ort mehrere Bilder entstehen.
- Welche Figuren wollen Sie für Ihren Kalender nutzen? Biblische Erzählfiguren, Playmobilfiguren, Modelleisenbahn-Figuren ... Es gibt viele Möglichkeiten. Wenn Sie sich selbst ins Bild setzen wollen, lässt sich dies mit einer Digitalkamera und einem Fotodrucker leicht bewerkstelligen. Fotografieren Sie eine Person vor einer einfarbigen Wand. Welche Pose eingenommen wird, ist ganz Ihnen überlassen. Es bietet sich an, eine Reihe von Positionen einzunehmen und zu fotografieren. Drucken Sie die Fotos dann aus und schneiden Sie die Personen mit einer feinen Schere aus. Befestigen Sie die ausgeschnittene Figur z.B. mit Patafix an dem Ort, den Sie fotografieren wollen, z.B. in einer Pflanze (einem Weih-

nachtsstern …), auf einem Adventskranz, in einer Kirchenbank, in einer Fußgängerzone …)

- Legen Sie fest, welche Person an welchem Ort Fotos macht. Dank der Digitaltechnik können eine Vielzahl von Fotos aufgenommen werden. Vereinbaren Sie einen Termin, an dem alle Beteiligten die Bilder mitbringen, die ihnen am besten gelungen sind. Diese Bilder sollten bereits mit einer Überschrift versehen sein.
- Nun muss die endgültige Bildauswahl festgelegt werden.
- Wenn Sie dies wünschen, werden nun auch begleitende Texte für die Bilder geschrieben. Dies kann in Form eines Schreibgespräches geschehen:
  - Die ausgewählten Bilder werden jeweils auf ein DIN-A3-Plakat geklebt. Die Bildüberschrift wird auf das Plakat geschrieben.
  - Die Teilnehmenden schreiben ihre Gedanken zu Bild und Bildüberschrift auf das Plakat. Geschriebenes kann und soll von allen Beteiligten kommentiert und ergänzt werden. Während des Schreibgespräches wird nicht gesprochen.
  - Die Plakate werden verteilt (an Einzelne oder an kleine Gruppen). Aus den Kommentaren des Schreibgespräches wird ein Text verfasst.
- Nachdem die endgültige Bildauswahl getroffen wurde (und ein Text verfasst wurde), muss nun das Format der Veröffentlichung festgelegt werden. Auch hier gibt es viele Möglichkeiten.
  - Produktion eines Kalenders (z.B. in Fotoläden, Drogeriemärkten oder Online)
  - Drucken von Plakaten für eine Ausstellung (im Kirchenraum, im Gemeindehaus, im Kindergarten, in der Schule …)
  - Gestalten einer Powerpoint-Präsentation (für den Gottesdienst, die Adventsfeier, die Schulaufführung …)
  - Drucken eines Kartensets (z.B. in Fotoläden, Drogeriemärkten oder Online)
  - Veröffentlichung auf der Website der Gemeinde, Schule …
  - Präsentation im Rahmen eines lebendigen Adventskalenders. Bei einem lebendigen Adventskalender gestalten Privatpersonen, Vereine,

Institutionen usw. jeweils einen Tag im Advent an einem Fenster/in ihren Räumlichkeiten.

- Nun kann der Kalender präsentiert (in einem Gottesdienst, bei einer Adventsfeier, in Form eines lebendigen Adventskalenders …) und/oder verkauft werden.